玉林师范学院教师教育优秀理念和科学思维探索成果展示丛书

TIYU SHIFANSHENG JIAOXUE
JINENG SHIXUN ZHIDAO

体育师范生教学技能实训指导

（RAYS数字资源版）

主　编 ◎ 李远华　何祥海

西南交通大学出版社
·成都·

图书在版编目（CIP）数据

体育师范生教学技能实训指导 / 李远华，何祥海主编. —成都：西南交通大学出版社，2017.6（2022.1 重印）
（教师教育工作优秀理念和科学思维探索成果系列丛书）
ISBN 978-7-5643-5460-2

Ⅰ. ①体… Ⅱ. ①李… ②何… Ⅲ. ①中小学 – 体育教学 – 教学研究 – 师范大学 – 教材 Ⅳ. ①G633.602

中国版本图书馆 CIP 数据核字（2017）第 113440 号

教师教育工作优秀理念和科学思维探索成果系列丛书

体育师范生教学技能实训指导

主编　李远华　何祥海

责任编辑	穆　丰
助理编辑	宋浩田
封面设计	严春艳
出版发行	西南交通大学出版社 （四川省成都市二环路北一段 111 号 西南交通大学创新大厦 21 楼）
发行部电话	028-87600564　028-87600533
邮政编码	610031
网　　址	http://www.xnjdcbs.com
印　　刷	成都蜀通印务有限责任公司
成品尺寸	185 mm × 260 mm
印　　张	8.75
字　　数	190 千
版　　次	2017 年 6 月第 1 版
印　　次	2022 年 1 月第 2 次
书　　号	ISBN 978-7-5643-5460-2
定　　价	38.00 元

图书如有印装质量问题　本社负责退换

前　言

“体育师范生教学技能实训指导”是高等师范院校体育师范生体育教育专业的一门重要教学实践课，其研究和实践的内容包含体育师范生教学技能理论认知、体育教学课前准备技能训练、体育师范生上课技能训练、组织和指导课外体育技能训练、体育教学评价技能训练等，致力于培养合格的中小学体育教师。

体育教学有其自身的特点，如何揭示体育教师的行为结构，是我们首先要解决的问题。研究表明，体育教师的课堂教学行为不但能够被分解为不同的教学技能，而且还能够通过对每一项技能的学习训练、反馈和评价得到不断地改进和提高。

本教材是针对师范专业本、专科体育教育专业学生及在职体育教师的实际需要而撰写的，书中涉及的内容都是关于他们在学习实践和教学工作中需要解决或感到困惑的问题进行讨论。例如怎样成为一名合格的体育教师，怎样进行教学设计，如何开展试教、说课、模拟上课和评课的工作等。

本教材是我们从事体育教学、指导师范生实习和指导师范生教学技能比赛的多年经验总结的成果，重视理论与实践的结合，采用多种模式进行实践训练，并注重联系当前中小学体育教学课程改革的现实，以及教学的重点和热点，针对体育师范生在开展试教、说课、教育实习、教师资格证考试和就业应聘过程中遇到的实际问题提供有效的指导。本教材配套生动具体的实例、教案、课件和视频，安排了合理的培训程序，选用了合理的科学方法，以此为依据、有针对性地对在校师范生及新教师进行训练。这是培养新型教师的一个重要环节，也是对师范生实施素质教育、培养其创新精神的一部分。本教材以培养能力为目的，以适于应用为出发点，力争做到准确定位培养目标，合理选择训练内容。如果学员能够以本书为依据，勤于思考，再加上求真务实的学习态度，一定能取得理想的训练效果。

本教材在全体作者的共同努力下，经过反复修改和完善，力图使教材体系新颖、结构合理、内容充实且能反应时代特点和要求；同时本书还结合各学科各专业的特点，努力做到突出共性，兼顾个性，优化发展，充分体现师德教育、教学科学、教学技术三位一体的教学指导思想。希望此教材能成为受体育师范生、函授生和新教师欢迎的一本好教材。

本书在撰写的过程中体现出如下特点：一、理论性。本书将体育教师的教学技能分成若干小项，并对每一项技能的概念、功能、构成要素及类型等内容进行分析论述，加深对教学技能在教学过程中所起作用的认识和理解，为教学技能的实践活动奠定坚实的理论基础。二、实践性。力求理论联系实际，突出实践环节。三、实用性。通过对每项教学技能的分析、论述及对教育实习中具体问题的解答，使读者有所收获或得到启发，对教师的教学具有指导和参考价值。四、操作性。对每一项教学技能提出了训练目标和要求，从而提高了教学技能训练的可操作性。五、创新性。对体育教学技能进行了全面的论述，针对体育教育专业学生在教育实习中的一些具体问题进行了解答，改变了传统的模式，突出实用性。

鉴于目前对师范生的教学技能训练尚不固定，各学院之间要求不一，各专业特点不同，训练内容、方法、要求也不一样，加之作者水平有限，本书难免有疏漏之处，恳盼专家和同行不吝赐教，以便该书的进一步修订完善。

本书在编写的过程中借鉴了已经出版的相关教学技能教材、学校体育学教材、中学体育教材教法和相关学术专著等，在此向它们表示诚挚的谢意！

李远华　何祥海

2016年12月

目　录

绪 论

教学既是一门科学又是一门艺术。而教学中的科学与艺术又是建立在教师广博的专业知识和娴熟的教学技能基础上的。如果没有广博深厚的专业基础知识，教学只能是照本宣科地生搬硬套；同样，没有熟练的教学技能，教学艺术便无从谈起，想把课上得生动活泼，有效地促进学生的学习，也难乎其难。要使教师能够有效地组织课堂教学，就必须将构成教师课堂教学行为的要素进行分解，并单独地进行培养和训练。研究表明，教师的课堂教学行为不但能够被分解为不同的教学技能，而且还能够通过对每一项技能的学习和训练，通过对技能掌握情况的反馈和评价，使教学行为得到不断的改进和提高。

一、什么是体育教学技能

教学技能是教师必备的教育教学技巧，它对取得良好的教学效果和实现教学的创新具有积极的作用。而体育教学技能是指在课堂教学过程中，体育教师为完成某种体育教学任务所采用的一系列教学行为。教学技能对外表现为成功地、创造性地完成既定的教学任务，卓有成效地达到教学目的和获得有效的教学方法；对内表现为保证完成教学任务的知识、技巧、心理特征和个性特征的功能体系，是教师的个性、创造性与教学要求的内在统一。从表面上看，教学技能是教师在教学活动中有效推进学生学习进度的活动方式。从深层剖析，它是教师职业个性品格和专业修养外化的表征，是教学能力的重要标志。

二、体育师范生教学技能训练的意义

（一）是教育改革发展趋势所向

当今世界发达国家已将教师职业视为一种具有双专业的特殊职业，教师不仅要具备所教学科的专业知识与技能，解决“教什么”的问题，同时，还要具备传递知识、技能的技巧，懂得“如何教”，所以，教育界强调对老师进行严格的、持续不断的专业训练的重要性。

（二）我国教师专业化发展的需要

我国对教学技能领域的研究起步较晚，为顺应教师专业化发展趋势，我国采取了许多重大的措施，反映了在党和国家的重要决策文件和教育法案中。其要求在各高等师范院校试行“教师职业技能训练基本要求”，并明确提出“学校各级领导要把加强学生的教师职业技能训练作为深化教学改革、提高师范生培养质量的重要内容来抓。”我国政府与教育行政主管部门的一系列举措为教师专业化的发展奠定了法律基础。

（三）体育教学技能训练是体育教师技能训练的核心内容

教师职业技能训练的内容较多，包括“讲普通话和口语表达、书写规范文字和书面表达、教学工作、班主任工作技能四部分”。其中，教学工作技能是教师职业技能的核心内容，而在教学工作技能（包括教学设计技能、教学媒体选用技能、教学技能、设计批改作业技能、组织指导学科课外活动的技能、教学研究技能）中，教学技能又是最重要的职业技能。因此，体育教学技能训练是提高体育教师职业技能，培养合格体育教师的重要内容。

（四）教学技能训练是提高教师教学能力的有效途径

教学能力与知识和技能是分不开的，它们之间既有密切联系，又有明显的区别。专业知识是形成教学技能和教学能力的基础，而教学技能是提高教学能力的基础。专业知识的形成可促进教学能力的发展和提高。教学技能的运用如能达到炉火纯青的程度，说明教师具备了较强的教学能力。由此可见，加强教学技能的训练，是提高教师教学能力的有效途径。

三、教学技能训练的基本程序

目前，教学技能训练的方法很多，如微格教学、小型教学、反身教学等，其中微格教学的影响最大。

（一）教学技能训练的宗旨

（1）认明成功授课中的技能运用。
（2）在有组织辅导的情况下，提供相对安全的实践机会并进行反馈。
（3）对授课进行讨论分析，帮助参加者改进、提高教学技能。

（二）教学技能训练的基本程序

经过多年的实践探索，教学技能的基本训练程序已经形成，一般来说它包括：事前的理论学习和研究、提供成功案例（示范）、确定培训技能与编写教学设计、技能训练实践（说课、模拟上课）、反馈和评价、修改教案后重新进行技能训练实践。

第一章　体育师范生教学技能的理论认知

师范生的教学技能训练是教师教育培养目标的重要组成部分，是促进教学质量提高，培养合格未来教师的重要手段。根据教育部（原国家教委师范司）1994 年颁布《高等师范学校学生的教师职业技能训练大纲（试行）》的基本要求，结合体育教育专业的特点及实际需求，逐项提出明确的训练要求、内容、方法与建议，并按照循序渐进的原则，将其合理地分布在大学四年的课程学习中，特别是教师教育类课程的学习与教学实践技能训练，能够使培养出来的学生快速适应中小学的教师岗位。

第一节　体育师范生教学技能训练的内容

一、普通话

（一）训练目标

（1）能够运用普通话同他人进行交流，消除因方言引起的隔阂，促进不同方言区人们的正常交流。

（2）掌握普通话的语音系统知识和口头表达方式，以适应口头交际的需要。

（3）能做到表述规范，即能用标准的或比较标准的普通话进行口语交际和教学工作。

（二）训练内容

（1）声母的发音与辨正。

（2）韵母的发音与辨正。

（3）声调的调值、调类及声调辨正。

（4）普通话的音节结构特点及音韵配合规律。

（5）语流音变（变调、轻音、儿化、啊的音变等）。

（6）词汇和语法的辨正及各自的差异。

（7）广西人学习普通话的重点（桂柳方言区、粤方言区、壮语区人学习普通话语音的重点）。

二、口语表达

（一）训练目标

（1）使学生掌握教育、教学语言的表达技巧。

（2）能够规范、得体地表达自己想说的。

（3）掌握一般口语交际技能，表达得体。

（二）训练内容

（1）普通话口语表达的基础训练（通过训练使学生能够用规范的普通话进行口语表达）。

（2）主要教学环节的口语表达训练（通过训练，使学生掌握导入语、讲授语、提问语、结束语、应变语、评价语等主要教学环节口语的运用技巧）。

（3）常用教育口语的训练（使学生知道如何使用沟通语、启迪语、暗示语、激励语、表扬语、批评语，以及如何同个别、全体学生进行谈话、交流）。

三、教学设计（备课）

（一）训练目标

（1）能说出教学准备的必要性（意义）。

（2）能独立进行教学准备的整体设计。

（3）能准确表达教案编写的基本规范。

（4）能熟练编写教案和评价教案。

（二）训练内容

1. 教学准备（即备课技能要求）

（1）明确准备内容：通过训练让学生明白体育教学的准备应包括备学生、备教材、备教学方法、备场地器材等内容，教学准备的重点在备教材和教学方法上。

（2）拟定教学目标：通过培训使学生能按照体育与健康课程标准的要求，结合教材和学生的实际情况拟定体育课教学目标。要求学生结合某个具体课题尝试性地拟定教学目标。

① 通过学习，使 50% 的学生能独立完成侧手翻动作，40%的学生能在老师或同学的保护帮助下完成侧手翻动作。

② 通过课堂练习锻炼学生的上肢力量和身体的协调性。

③ 培养学生勇敢的意志品质，增强学生的自信心。

（3）设计教学活动：教学活动的整体设计包括教学活动（主体是对学生的研究）、活动内容（教材是最重要的来源）、活动任务（实现活动目标的手段等）、活动流程（整个教学活动的程序或流程）、活动组织（如教师讲解、示范时的队形，学生练习的形式，包括个人、分组和集体练习等）、活动时间（各项教学活动时间分配）等。

2. 教案编写

（1）懂得教案的基本格式（陈述式、表格式），能正确描述教案所包括的内容，如教材、上课班级、第几次课、教学目标、教学重点、教学难点、教学部分、各教学部分的时间、教学内容、教法、学法、学生练习方法、练习时间、练习次数、组织与要求等。能独立编写一个课题的教案，能对不同教案进行评价。

（2）认识教案结构、设计教案格式、编写教案文本，评价分析教案。

四、说课

（一）培训目标

（1）能深刻了解说课的意义。

（2）能熟练书写说课稿和制作说课课件。

（3）能熟练进行说课。

（4）能正确评价说课。

（二）培训内容

1. 说课准备

（1）熟悉说课内容：通过培训让学生明白说课包括说教材、说学情、说教学目标、说教学方法、说教学流程、说场地器材、说教学效果预测和教学反思等内容。

（2）对说课各项内容的准备：通过培训让学生懂得在了解上课对象情况的基础上如何选择教材、如何设置这样的教学目标、如何选择教学方法和如何设计教学流程。解决怎样去教，为什么要这样教的问题。

2. 编写说课稿

懂得说课稿的基本格式，能正确描述说课稿所包括的内容、能独立编写一次课堂说课稿、能对不同说课稿进行评价。

3. 制作说课课件

懂得用 PPT 制作说课课件

4. 说课

掌握说课技巧，能够运用精湛的语言、流利的普通话向专家系统而简要地解说自己对具体课程的理解，阐述自己的教学观点，表述自己具体执教某课题时的教学设想、方法、策略以及组织教学的理论依据等。

五、上课（模拟上课）

（一）培养目标

（1）懂得体育课的结构，以及课堂各环节的任务。

（2）掌握体育课的教学技能。

（3）掌握体育课的教学手段、方法和组织。

（4）基本能独立完成一堂体育课的教学工作。

（二）培训内容

1. 口令和队列队形

（1）队列队形的基本术语：队列、队形、列、路、翼、间隔……。

（2）口令的组成：预令、动令。

（3）各种口令的喊法：队列队形变化口令，广播操、徒手操口令。

（4）队列队形变化的做法：队列（原地、行进间），队形（图形行进、队形变换）。

（5）口令队列队形的应用：教师言行举止（精神饱满，姿态端正，严肃认真），合理运用口令（吐字清晰、掌握节拍、突出主音，声音洪亮、果断），指挥位置选择合理。

2. 导入技能：引起注意、激发动机、明确意图、认识交流本质

（1）了解导入的功能和意义，明白良好的导入可为课堂教学的成功奠定基础。

（2）掌握导入的方法：包括利用情景导入、利用竞争心理导入、利用直观演示导入、利用实验导入、利用示范导入、利用设疑导入、利用故事导入等。

例如：利用实验导入新课。

在教学生前滚翻前，老师可先用一块长方形的物体和一个球做滚动实验，演示滚动时的情形，使学生明白为什么老师要求在做前滚翻时要做到“含胸、收腹、低头、手撑、滚动、身似球”。

（3）能根据不同的学生，紧扣教材正确运用导入方法进行课堂导入。

3. 讲解技能：形成概念、掌握原理和规律、加强交流

（1）了解讲解技能的类型：包括事实性讲解、解释性讲解、概念性讲解、归纳性讲解、演绎性讲解和比较性讲解。

例如：比较性讲解中的直道和弯道跑技术的对比讲解。

教师在讲解直道和弯道跑技术时，可以从两者的上体姿势、两臂摆动方法、蹬地摆腿和跳动的路线进行对比讲解，使学生明确直道跑和弯道跑技术各自的特点与差异，使学生较好地掌握直道跑和弯道跑的全程技术。

（2）掌握体育课讲解的技巧和讲解重点。

（3）能熟练运用术语讲解技术的动作要领，并能同示范相结合，做到语言简洁精练、清晰流畅。

例如：讲解体操鱼跃前滚翻动作概念。

半蹲开始，两臂前摆，同时两脚蹬地跃起，含胸、稍屈髋，腿伸直并拢，两手撑垫曲臂低头，团身向前滚翻起立。

4. 直观演示技能：增强感知、变换信息通道、加强交流

（1）了解直观演示技能的功能

丰富内容、亲身感受；建立表象、利于掌握；观察分析，培养能力；新颖生动、激

发兴趣。

（2）掌握直观演示技能的构成要素。

演示的目的：教师演示是为了说明一个概念、阐明一种理论、证明一个原理、分析一个动作、回答一个问题。

演示手段与内容：教师示范、电视、录像、电脑、投影、幻灯、挂图、照片等。

演示的方位与时机：演示位置，考虑教师示范位置和学生观看的位置；演示时机，即要把握演示的机会和适宜的时间。

演示与其他教学手段相结合：演示与讲解相结合。

（3）演示技能的类型：人体示范，物体示范。

人体示范包括：

教师示范：为使学生建立正确的运动表象，形成技能动作的概念，多采用教师示范。如：教师在教单手肩上投篮时，先做一个单手肩上投篮的正确、完整动作给学生看，让学生形成正确的动作表象。

学生示范：为了在学生中树立榜样，产生榜样效应或便于教师讲解，往往采用学生示范。如：在教学中让动作做得好的学生做示范，老师在旁边进行分析讲解，这样既树立了学生学习的榜样，给学生学习增强信心，同时也便于老师讲解，让学生更清楚地了解动作技术的结构。

合作示范：对于一些必须在学生帮助下才能完成的动作示范常采用合作示范，如武术教学中的太极推手示范、篮球教学中的一传一切示范。

分解与完整示范：为了让学生建立一个完整的技术概念，让学生了解将要学习的技术动作的形成和结构，多采用完整示范。在不同的教学阶段，特别是在学生掌握动作的分化期，为突出重点一般采用分解示范。

正误对比示范：采用正误对比示范易于巩固学生正确的运动条件反射，抑制错误的运动条件反射。

徒手与持器械示范：在教一些运动器械的技术动作时，老师一般应采用徒手模仿示范，使学生明确身体及身体各环节的移动路线、用力顺序、动作形式及动作方法等，然后再采用持器材的示范。

（4）在上课中能根据不同的教学情况做出正确的直观运动演示。

① 示范要有明确的目的，如：正面示范还是反面示范，示范的重点（让学生看什么）。

② 示范要选择正确的方位（正面、侧面、镜面、背面）。

③ 示范动作要正确。

④ 示范要考虑学生的能力及心理特点。

⑤ 动作示范要与其他教学技能相结合，如：示范与讲解相结合。

5. 提问技能：检查学习、促进思维、获得交流反馈

（1）了解体育课提问的功能。

（2）了解体育课提问的构成要素和类型。

（3）正确应用体育课提问技能。

设计提问：教师应在课前根据教学目标、教学内容、设计和组织课中要提问的问题，明确提问的方式和目的。

提问技巧：集中注意力、创造和谐的课堂气氛、不重复提问、不自问自答、提问后要保持沉默、有意识地指名让学生对提出的问题进行回答。

6. 反馈技能：提供信息、强化学习、巩固交流成果

（1）了解反馈的概念，是指体育教师以学生的实际演示为依据，通过观察、分析、判断对学生完成的动作进行诊断或强化，通过各种反馈途径，帮助改进或巩固学生完成动作的方法或模式，促进和强化动作技能形成的一类教学方式。

（2）了解反馈在体育教学中的优势（教学活动的直观性）。

（3）掌握反馈的功能、技能构成和反馈的质量。

（4）正确应用反馈技能。

7. 控制技能：调控教学、教育学生、保证交流顺利进行

（1）了解控制功能在体育教学中的重要性（体育课堂干扰性大）。

（2）体育课控制技能的构成。

教学组织：包括集中注意力、教学方式与方法、教学内容转换。

教学容量：包括教学信息量、教学内容难易程度、练习的生理负荷（运动负荷）。

教学时间：包括课上的各部分时间（准备部分、基本部分、结束部分）和组织讲解练习时间。

教学节奏：包括教学语言节奏、教学建议提要、安排练习节奏（练习密度）。

师生情感：包括教师的情感、学生的情感。

扰动因素：包括外扰因素（如：天气、场地等）和内扰因素（学生生理、心理变化）。

（3）掌握体育课控制的类型：预先控制、随机控制、定量与定性控制、总体与个体控制、模式控制。

（4）控制技能的应用，如：学会安排体育课中学生的运动负荷量，学会安排教学内容量，学会在不同的教学内容中采用不同的组织方式。

8. 结束技能：总结归纳、拓展延伸、形成系统、结束交流

（1）了解体育课结束功能，包括消除身体疲劳，促进机体恢复；重申知识技能的概念、重点和关键；概括练习的步骤和方法；讲评学习目标实现的情况。

（2）掌握体育课结束技能的构成要素，包括促进恢复、简单回忆、概括要点、总结评价、布置作业、下次课的课前准备、收拾器材。

（3）掌握体育课结束技能的类型，包括整理活动、系统归纳、概括教法、重现示范、提问、总结评价、布置课外作业、布置下次课的内容和要求。

六、评课

（一）培养目标

（1）能深刻了解评课的意义。
（2）学会看课、听课。
（3）学会分析课、评课。
（4）能正确评价别人上课。

（二）培训内容

1. 了解评课的目的

了解课堂教学的基本情况。
诊断课堂教学存在的问题。
评判教师教学的大致水平。
学习借鉴同行的优势长处。
改进提高课堂教学的质量。

2. 学会看课

看教态（是否自然）。
看教学的手段（是否多样）。
看驾驭课堂能力（是强是弱）。
看组织教学的方法（是否得当）。
看课堂偶发事件的处理（是否科学）。
看师生感情（是否融洽）。
看课堂气氛（是否活跃）。
看时间安排（是否合理）。
看学生主体性的发挥（是否积极）。

3. 学会听课

首先，要听懂：把自己看作学生，深刻理解重点难点，强化自己备课中的不足。

其次，要听全：既听教师的启发，也听学生的回答；既听新课导入，也听课的小结及课后练习的要求；既听知识、动作技术的讲解，又听对学生能力的培养。

4. 学会写听课记录

记教学环节设计，记重点和难点的突出与突破，记教学方法与学习方法的运用，记辅助手段的应用。

5. 学会听课后的思考

这节课我该怎样上？

教师对教材为何这样处理？换成自己该如何处理？

教师是怎样把复杂问题简单化的？

这个教学环节有无更好的启发引导思路？

假如学生向我这样质疑怎么办？

为什么授课者的学生学习兴趣这么浓？

自己应怎样对“闪光点”进行活学活用？

6. 学会评课

评课的内容：评教学目标（是否全面、具体、合理）；评教材处理（是否符合学生的实际）；评教法运用（是否得当）；评学法指导（多样化）；评教学程序（教学思路、教学结构、教学组织）；评教学思想（教学观、学生观、评价观）；评教学基本功（教态、教学语言、动作示范、教具的运用）；评教学效果（教学效率、学生受益面、课堂时间利用）。

评课技巧：

先说优点或值得学习的地方，再提出研讨的问题。

先谈需研讨商榷的问题，再把优点加以点评。这种点评开门见山、有针对性，一定要注意指出问题的数量不要太多，抓住主要矛盾即可。

在每一条“优点”中，再重新加以设计，提出改进方向，以求更好。

评者只谈体会，不直接谈优点和不足，而是通过富有哲理的体会，给授课者留下思考、留下启迪（或激励赞扬、或蕴含希望）。这种点评层次较高，需要具有一定的教学理论功底，需因人而异。

7. 学会写评课报告

第二节　体育师范生教学技能训练考核内容

体育教育专业学生教学技能考核，根据体育教师的专业特点，考核的内容包括备课、说课、上课、评课 4 个项目，总权重为 100 分，分五个等级：0 ~ 59 分为不及格，60 ~ 69 分为及格，70 ~ 79 分为中等，80 ~ 89 分为良好，90 ~ 100 分为优秀。评定为中等及以上等级的学生，普通话水平测试应为二级乙等（80 分）及以上，获得“师范生综合技能考核课程”的 1 个学分，并发给相应级别的“师范生教学技能证书”；考核不合格的没有学分，不能参加教育实习。

一、考核内容

（1）备课：学生按要求上交教案一份。

（2）说课：制作说课课件一份，进行 7 分钟的说课。

（3）评课：观看一个上课录像片，用 25 分钟的时间写出一个评课报告。

（4）上课：主要考核学生拟任体育教师时的教学基本功及教学技能。

① 口令和队伍的组织调动能力，内容包括队列队形和广播操。

② 专项技术教学能力（对动作的讲解、示范和教学步骤的设计），具体内容为在数科主干课程中（田径、体操、武术、篮球、排球、足球、健美操）随机抽选一项内容进行片段模拟上课。各课程具体内容如下：

（一）队列与队形

（1）原地动作：立正，稍息，向左（右）看齐，向前看，报数；原地三种转法：向左（右）转，向后转。

（2）行进间动作：齐（跑）步走，立定。

（3）行进间转法：向左（右）转弯，走。

（二）广播体操

从第三套全国小学生广播体操“放飞理想”中随机抽取其中两节，由学生领做动作，边做边呼口令。

（三）田径

短跑技术、跳高技术、跳远技术、推铅球技术、跨栏跑技术、标枪技术。

（四）体操技术动作

（1）技巧：

男生：侧手翻，头手倒立，鱼跃前滚翻，俯平衡。

女生：侧手翻，肩肘倒立鱼跃前滚翻，俯平衡。

（2）双杠：

男生：前滚翻分腿坐，支撑后摆挺身下，支撑后摆转体 180°成分腿坐。

女生：同男生

（3）单杠：

男生：① 翻上成支撑；② 支撑后回环；③ 后摆下；挂膝摆动上，骑撑前回环。

女生：① 翻上或挂膝摆动上（任选一个动作），② 骑撑、后腿向前摆越同时转体 90°下；③ 支撑后回环。

（4）跳跃：

男生：① 斜向助跑直角腾越；② 横马分腿腾越。

女生：① 斜向助跑直角腾越；② 山羊分腿腾越。

（五）武术

五步拳少年拳二套、初级长拳第三路、简化二十四太极拳、初级刀（剑）术、初级棍术。

（六）篮球

原地单手肩上投篮、原地双手胸前传球、运球后转身、行进间单手低手投篮、体前变向换手运球技术。

（七）排球

正面双手垫球（示范采用自垫）；正面扣球（示范采用自抛自扣）；正面双手传球（示范采用自传）；正面上手发球。

（八）足球

脚背正面垫颠球、脚背内侧踢定位球、脚内侧传接球。

（九）健美操

第三套大众健美操三级（一至四节）。

二、考核办法

（1）备课：学生在考核的当天上午按指定时间到指定地点抽题目，报工作人员登记。按题目要求和规定格式自行设计一个课时（45 分钟）的教学设计（教案），具体内容从中小学体育教材（人教版）中选取。教案可用电脑制作也可手写，要求学生独立完成。

（2）说课：学生按备课抽签的题目制作一个说课的课件和准备七分钟长的说课，按分组到指定的教室进行说课考核。课件制作要求学生独立完成。

（3）评课：以班为单位组织学生在教室观看上课录像片，看完之后，用 25 分钟时间写一个评课报告。评课内容包括教学实况记录、教学目标解析、教学活动分析、教学结果分析、建议与设想。要求学生在教室内独立完成。

（4）上课：

（1）口令、队形队列：考生按考试内容自己喊口令，完成规定动作。时间为 5 分钟。

（2）广播操：抽选其中二节操，自己边喊口令边做操，时间为 3 分钟。

（3）片段模拟上课：考核当天上午学生到指定地点抽题目，下午到考核地点进行片段模拟上课。片段模拟上课要求：① 学生正确说出上课内容的技术动作名称；② 正确示范技术动作；③ 讲解动作要领；④ 说出教学步骤，即先教什么，后教什么，采用什么练习内容和组织形式。时间为每人 7 分钟。

三、成绩评定

（1）成绩总分为 100 分。其中：备课占总分 15%，说课占总分 25%（课件 10%、说课 15%），评课占总分 20%，上课占总分 40%（队形队列 10%，广播操 10%，模拟上课 20%）。

（2）考核项目计分、统分办法。每个学生的每个考核项目取各评委打分的平均分，总分为各考核项目最后的得分之和。

四、成绩记载

成绩按优秀、良好、中等、及格、不及格五等制的方式记载。

第三节　体育师范生教学技能训练的原则

体育教师在课堂教学过程中所表现出来的一系列的教学行为方式，不仅能被分解为不同的教学技能，而且还能够通过每一项教学技能的学习、示范、训练和评价不断地得到改进和提高。当每一项教学技能都达到要求以后，再把它们综合起来加以应用，形成整体的课堂教学技能，这是培养体育师范生教学能力和提高教学质量的有效方法。

体育的教学过程是复杂的，教师的课堂教学行为也是多种多样并呈现出一定的灵活性。体育教师的哪些教学行为可以被定义为基本的教学技能并作为教师教学技能培养训练的基础？对体育教师的教学技能如何分类？这些是进行对师范生教学技能培训前必须解决的首要问题。在对体育教学技能进行分类时，除了要考虑教师、学生、教师与学生在教学过程中教和学的行为外，还要考虑所确定的教学技能是否具有可训练性等因素。因此，在对体育教学技能进行分类时，必须遵循下列原则：

一、主导性原则

教学是一种计划性强、目标明确的活动。为了达到教学目标，教师的每一种教学行为都应有具体的目标指向。教学技能是教师的教学行为方式，它是为实现教学目标服务的。在确定教学技能前，首先需要考虑三个问题：教师的某种教学行为，为学生提供了什么信息，准备让学生学习什么？教师的该种教学行为能否促进学生的学习或教会他们怎样学习？这种教学行为是否是影响教学质量的重要因素？对提高教学质量是否具有重要的意义？如果对这三个问题的回答是肯定的，那么该教学行为在教学中就有重要的意义，就可被确定为教学技能。实践和应用这些教学技能，就会在现实的教学中发挥积极有效的作用。因此，所确定的教学技能必须是影响体育课教学质量重要方面的教学行为，它必须符合教学原则，并能被广大体育教师通过长期的教学实践所证实。

二、交流性原则

教学是师生间定向的双边活动过程，是师生间相互作用、交流信息的过程。教学技能的确定要有利于课堂上师生间的相互交流，促进学生思维活动的发生和发展。影响学生主动积极学习的因素很多，有学生的内部因素，也有教师为之创造的外部条件。教学技能的确定要看它是否能为学生创造一个良好的学习情境，使学生从愿意学习发展到自觉主动地学习。因此，所确定的教学技能应是促进师生课堂交流的重要手段，它有利于促进师生间的相互作用和互相交流，对完善教学过程有积极的促进作用。

三、可观察性原则

确定教学技能的目的是让师范生或在职教师学习、掌握并在未来的教学实践中将其运用。因此，所确定的教学技能应在体育课教学中能够被教师表现出来，而且能够被观察到。只有这样，所确定的教学技能才可能被教师示范、学生学习，并能够有组织、有计划地加以训练。

四、可操作性原则

为了便于被培训者理解和掌握，利于指导教师、被培训者和研究者之间的相互交流，每项教学技能必须有确定的内涵和外延，揭示教学技能的本质及其适用范围。这就要求所确定的每项教学技能要有明确的构成要素并且是具体的教学行为方式。只有教学技能的构成要素明确和具体，教学技能才具有较强的可操作性，教学技能的学习和应用才能更加规范。

五、可测量性原则

对培训师范生的教学技能的方法，一个重要的考量方法就在于反馈是否准确、及时和具体。对于被培训者反馈回来的教学信息该如何衡量呢？首先要对每一项教学技能提出明确具体的要求或应用原则，使被培训者在应用某一技能时都有一个参照体系。被培训者只要把自己的教学技能实践活动与这个参照体系或要求相对照，就能够发现成功与不足。因此，所确定的教学技能在体育课教学中应是能够被测量的教学行为。测量是评价的基础，只有确定的教学技能能够被测量出来，该教学技能才可能被评价。可测量的教学技能在训练时才能够确定出明确的训练目标、制订出准确的评估标准并对训练效果进行评价。这样的教学技能才能运用到教学训练的实践中去，才能够给被培训者提供准确的反馈，以便进一步的改进与提高，真正地为教学实践服务。

第四节　体育师范生教学技能训练的基本要求

一、理论学习与实践操作相结合

教学技能属于后天习得的能力，需要通过练习获得。教学技能训练是以教育、教学理论和专业知识为基础的。教学技能的训练内容需要有一定的理论体系支撑，教学技能训练的规范也来自于科学的理论。因此，教学技能训练首先要系统地学习和掌握有关的理论知识和科学的训练方法，力求在训练时有正确的理论指导以及科学规范的训练方法。同时应注重理论与实践相结合，加强实践操作练习，做到“熟能生巧”，真正掌握技能。

二、单项训练与综合训练相结合

训练者要掌握规范的教学技能，要实现教学技能的整体优化，提高教学能力，必须以单项教学技能训练为基础。因此，在训练过程中要把教学技能分解成各个教学环节中的各个要素，科学地排列，在有计划逐项、逐个训练的同时也要在单项训练的基础上进行综合训练，达到能够全面掌握教学技能，灵活运用教学技能，提高教学能力的目的。

三、教学技能训练与教育实习相结合

教育实习是指深入到中小学教师实际工作中去进行教学技能训练的实地练习。因此要求训练者必须将自己的理论、知识、技能全面地展现在实际的教学工作中。教学技能训练是为教育实习打基础的，是为教育实习服务的，其目的是提高学生的教学能力。而教育实习又是对教学技能训练的检验，是教学技能训练的继续，是学生锻炼和提高教学技能的实践平台。

实践证明，加强教学技能训练是体育教育专业学生掌握教学技能行之有效的方法。它不仅有利于培养学生的教学技能，提高他们的教学能力，同时对实现专业培养目标具有重要意义。

第二章　体育教学课前准备技能训练

第一节　体育教学设计训练

技能一般是指顺利完成某种任务的一种活动方式，它是通过训练获得的。教学工作技能是指在教学工作过程中教师完成各种教学任务的一系列行为方式。具体地说，是教师在教学中，依据教学理论，运用专业知识和教学经验等，使学生掌握学科基础知识、基本技能并接受思想教育的过程所采用的一系列教学行为方式。教学工作技能是教师的职业技能，它不但有教育、教学理论做基础，还有实践的原则和要求，是教师培养中不可或缺的一个重要方面。

一、体育教学设计的意义

（一）有利于体育教学工作的科学化

传统的体育教学中也有体育教学设计活动，但大都以课堂、书本及教师为中心，有的却又片面地强调体育教学中学生的主体作用，以儿童（学生）为中心，教学上的许多决策都是凭教师个人的经验和意向做出的。例如，在制订体育教学计划时，教师往往根据自己认为的"某内容是否重要，对有关内容是否熟悉，有无现成教学大纲可用"等来决定教学内容。部分有经验的教师凭借这种途径也能取得较好的效果，这正是体育教学艺术性的表现。但对于绝大多数教师来说，能掌握这门艺术的人毕竟有限，而且这种教学艺术难以传授（需要经验的积累）。体育教学设计则克服了这种局限，将体育教学活动建立在系统方法的科学基础之上，使体育教学手段、过程成为可复制、可传授的技术和程序。只要懂得相关的理论，掌握科学的方法，一般教师都可较迅速地进行实际操作。因此，学习和运用体育教学设计的理论与技术，是促使体育教学工作科学化的有效途径。

（二）有利于体育教学理论与体育教学实践的结合

为了使体育教学活动有序地进行，提高体育教学效果，广大体育教育工作者一直致力于探讨体育教学的机制，对体育教学过程、影响体育教学的因素及其相互关系进行研究，并形成了一套独立的知识体系——体育教学理论。但长期以来的体育教学研究偏重于理论上的描述和完善，脱离了体育教学实际，使体育教学理论成为"纸上谈兵"，对改进体育教学工作的帮助不大。这固然同理论研究不够深入有关，而更多是由于忽视应用研究，致使在实践上无法操作造成的。而广大工作在体育教学一线的体育教师则感到体育教学理论离他们的实际工作太远，而把它们置于脑后，在体育教学实践中茫然的自行摸索。在这种情况下，被称为“桥梁学科”的体育教学设计学起到了沟通体育教学理论与体育教学实践的作用。一方面，通过体育教学设计，可以把已有的体育教学理论和研究成果运用于实际的体育教学中，指导体育教学工作的进行；另一方面，也可以把在一线工作的广大体育教师的教学经验升华为教学科学，充实和完善体育教学理论，这样就把体育教学理论与体育教学实践紧密地结合起来了。

（三）有利于科学思维习惯和能力的培养

体育教学设计是系统地解决体育教学问题的过程，它提出的一整套确定、分析、解决教学问题的理论和方法也可用于其他领域和其他性质的问题情境中，具有一定的迁移性。例如，在学习任务分析中，需要将总的教学目标分解为一系列子目标（单元教学目标和更具体的使能目标），建立一个教学目标群，然后根据每一个子目标制订教学策略，并确定实现总目标的教学步骤。这与很多实际问题的解决思路（如现代管理学中的目标管理的思路）是相同的。另外，像教学设计的前期分析、试行评价等理论与方法，在现实的生活、工作实践中也经常被运用。因此，通过对体育教学设计原理与方法的学习、运用，可以养成科学思维的习惯，提高人们科学地分析问题、解决问题的能力。它不仅仅服务于体育课堂教学实践，也能运用在课程设置和教学计划的制订、专业培养方案的设计、学科的建设甚至更广泛的其他领域之中。

（四）有利于加速对青年教师的培养

体育教学既是一门科学也是一门艺术。虽然体育教学的艺术很难通过教学来传授，但科学的教学理论和方法则是可以习得的。我国普通高校体育教育专业对师资培养的传统做法是注重于专业知识的教学，却忽视了体育专业基础知识的具体运用、体育基本教学技能和能力的培养，年轻教师大多通过模仿和自身的经验积累来计划和组织体育教学（前辈们用 10 年时间摸索出来的经验， 年轻教师可能也得花上 10 年时间才能积累到和前辈们相同的水平），这严重地延缓了青年教师教学水平的迅速提高速度，影响了体育教学效果。体育教学设计为师资队伍的培养提供了一条有效的途径，教师通过学习可以迅速掌握体育教学的基本原理与方法，并在实际运用中不断熟练和提高，最终成为一名体育教学专家。

（五）有利于体育媒体教材的开发和质量的提高

近年来，随着财政投入的增加以及通信技术的飞速发展，体育现代教育技术与设施也在不断开拓、建设和发展，各级各类学校的电教器材配置有了较大的发展。目前的重要任务之一是建设相应的体育教学节目和体育媒体教材，如体育教学电视节目、体育计算机课件等，体育媒体教材融合体育教学内容和体育教学方法于一体，只有通过精心设计，才能保证质量。通过学习和掌握体育教学设计的理论与方法，可以帮助教师有效地使用现代化教学媒体，编制相应的媒体教材。在提高体育教学质量、普及各级体育教育和职业培训等方面发挥了积极作用。

二、体育教学设计技能训练

（一）分析教材能力

1. 分析教材的基本结构

（1）体育与健康基础知识教材。它是体育教学的重要组成部分，是为全面完成体育教学任务服务的，其重要意义在于使学生掌握体育与健康基础知识，提高积极、主动参加体育锻炼的自觉性，科学地指导身体锻炼，培养学生养成锻炼身体的习惯，提高锻炼效果和学生的体育文化素质，为学生终身从事体育锻炼工作打下基础。

（2）基本运动教材。以自然的走、跑、跳、投、攀登、爬越、悬垂、支撑、滚翻、平衡等为主要内容。

通过教学，使学生初步掌握这些动作，全面地发展身体素质和动作感觉、知觉，形成正确的身体姿势，培养协调性和对体育活动的兴趣。

（3）走、跑教材。以快速跑、耐久跑、接力跑和障碍跑作为基本内容。

走和跑是属同一类型的运动，但细微分析后发现有明显的差异。跑的教材在走的基础上选用了一些适合学生年龄特点，并在学校体育教学中能够进行的内容。这些内容的选择是面向全体学生，以锻炼学生身体，促进身心健康为目标的。

（4）跳跃教材。跳高、跳远，提高弹跳力的各种跳跃运动。

跳跃是人体的基本活动能力之一，是锻炼身体的有效手段，对提高身体素质、增强体质、提高健康水平起着很大的作用。跳跃教材，内容既有体育运动中的竞赛项目跳高和跳远，也安排了提高身体素质，提高弹跳力的各种形式的跳跃运动。

（5）投掷教材。推铅球、手榴弹、掷垒球、投木棒等考验投远、投准的运动。

投掷是一项对提高身体素质、锻炼身体、增强体质很好的运动。不同地区和条件的学校，应就地取材，设置符合本地区情况的项目。如：推铅球（一般为 3 ~ 4 kg）、手榴弹（300 ~ 400 g）、掷垒球、投木棒等各种投掷物的投远、投准的比赛（如沙袋、实心球等）。这些运动按其用力的形式可分为投、推、抛三类，都是人们在日常生活中活动所具有的投掷技能。通过这些活动的练习可以养成正确的投掷姿势和用力方法，达到发展力量素质，提高全身协调配合能力、提高投掷技能和促进全面发展的目的。

（6）基本体操教材。队列和体操队形、成套徒手操、持轻器械体操、负重搬运和角力等内容。

基本体操是以增强体质，促进人类健康，培养正确的身体姿态，提高人体活动能力和实用能力为主要目的的练习。从练习内容上看，它选用了符合人体解剖学、生理和年龄特点的一些站立、行走和跑的自然动作，还选用了头颈、四肢和躯干的不同方向、不同位置的举、伸、屈、转、绕环、振、摆、踢、跳的简单动作，又增加了推、拉、抬、运及攀爬的和一般身体发展相关的实用性练习。

（7）技巧教材。滚动、滚翻、倒立、平衡等动作。

技巧主要是指在垫上进行翻腾，各种用力动作和造型，使身体在空间产生姿势变化的一项活动。体育教材的技巧动作中最简单的是滚动、滚翻、倒立、平衡等动作，可在草地、沙滩、垫子上等条件下完成，具有群众性、游戏性和实用性的特点。

（8）支撑跳跃教材。一般跳跃：跳跃障碍、跳上、跳下和弹跳板练习等；支撑跳跃：正向腾跃，侧向腾跃、手翻腾跃等。

支撑跳跃是借助支撑使身体腾越过一定障碍物的运动，是一项培养跳跃技能和发展跳上、跳下等实用能力的教材。体操中的跳跃按动作类型分为一般跳跃和支撑跳跃两大类。学校体育中的支撑跳跃练习与竞技中的支撑跳跃是有区别的，它没有规则限制，动作包括较为简单的一般跳跃和支撑跳跃练习。在动作技术要求上重点以完成助跑、踏跳、腾空、落地四个环节为主。

（9）单杠教材。以单杠的基本握法、悬垂、摆动和支撑为重点的基本技术和基本姿势教育为主要内容，并注重发展学生的身体素质。

单杠是在一根横杠上借助悬垂、支撑，进行摆动、回环、屈伸、腾越，使身体在空间产生位置、姿势变化的一种活动。单杠教材是一项发展悬垂能力的典型教材，也是利用物体翻上、翻下的实用技能训练的教材。在学校开展的单杠练习与竞技运动是有区别的，从目的上看，学校的单杠教材是以发展学生身体素质、提高悬垂能力和掌握实用技术为主的一项练习；从内容上看，学校以将单杠的基本握法、悬垂、摆动和支撑为重点内容的基本技术和基本姿势教育看作其主要内容；从场地器械上看，学校要求配置不同年龄的男女生都可练习的低杠、中杠和高杠，所以学校的单杠教材具有针对性、实用性和普及性特点。单杠的单个动作和联合动作教材，按练习形式和技术结构分为四类：① 上法：单足蹬地翻身上、双足蹬地翻身上；② 摆越：一腿向前摆越成骑撑，一腿向后摆越成支撑；③ 回环：骑撑单膝后回环一周半成单挂膝悬垂，骑撑前回环；④ 下法：正撑后摆转体 90°下。

（10）双杠教材。基本握法，以各种支撑、移行和屈伸为重点的基本技术和基本姿势教育为主要内容，又突出简单的上法、套路和安全落地的下法学习。

双杠是在两根横杠上，借助支撑、悬垂进行摆动、屈伸、回环、翻腾和静止用力使身体在空间发生体位变化的活动。是一项发展支撑和摆动能力的典型教材。学校体育中的双杠练习，从目的上看，是作为发展学生身体素质，提高支撑能力和掌握实用技能为主的一项练习项目。从练习内容上看，以基本握法，各种支撑、移行和屈伸为重点的基本技术和基本姿势教育为主要内容，另一方面又突出了简单的上法、套路和安全落地的下法的学习。从器械上看，学校要求低、中、高杠规格型号能够适合不同年龄、不同年级的男女学生。双杠的单个动作和联合动作教材，按技术结构分为四类：① 静止姿势和变化：分腿坐、分腿坐前进；② 上法：跳上；③ 摆动和转体：支撑摆动、支撑摆动后摆转体 180°成分腿坐；④ 下法：前摆挺身下、后摆挺身下。

（11）游戏教材。是由一定的情节动作、比赛规则和结果等组成的综合性体育活动。既是教育的内容，又是教育的方法和手段。游戏分为智力游戏、活动性游戏、竞技性游戏等。

游戏是体育的重要手段，属于文化娱乐的一种，如智力游戏（如下棋、积木、填字），活动性游戏（如捉迷藏、搬运接力），竞技性游戏（如足球、乒乓球）。游戏一般有规则，对发展学生智力和体力有一定帮助。游戏作为学校体育活动的重要内容，它是由一定的情节动作（跳、投、攀爬、对抗、各种表现动作）、比赛规则和结果等几个部分组成的综合性体育活动。

（12）民族传统体育教材。主要内容有武术、养身术以及各民族人民喜闻乐见的各种形式的体育活动，武术包含各种功法、套路及技击方法，各种手型、手法、步型、步法，蹿蹦跳跃等动作。

民族传统体育是我国劳动人民在长期生产、生活的实践中积累起来的具有养生、健身和具有攻防特征等特点的体育形式的总称。主要内容有武术、养身术以及各民族人民喜闻乐见的各种形式的体育活动。武术是其中的主要内容之一，它的各种功法、套路及技击方法都具有强筋骨、增体力、调精神之作用，长期锻炼对促进人体肌肉弹性、骨骼、关节韧带以及力量素质、灵敏素质的发展会起到有效的促进作用。武术套路内容十分丰富，包含各种手型、手法、步型、步法，蹿蹦跳跃等动作，对提高人体有氧代谢能力，改善循环系统、呼吸系统机能有良好的效果。此外，通过对练动作及器械的练习，对训练神经系统，改善神经过程的均衡性、强度以及应变反应能力等有独到之处。保健功法的特征主要是“形、意”的合理、有机的配合组成套路练习，如太极拳、八段锦、气功等，长期锻炼对疏通经络、促使血脉的流通、增进新陈代谢功能、治疗慢性疾病具有很好的效果，主要内容有健身拳、对练、八段锦。在教学中要特别注意在教材内容的一拳、一脚、一招、一式上下工夫。千万不要只管教，而轻视武术的风格、特点，一定要注意动作技术、动作规范、攻防意识以及精、气、神的教学，把教学的主要精力和时间放在动作的功夫上。

（13）篮球教材。主要由基本技术、简单战术和教学比赛三部分组成。

篮球运动是以球为活动工具，以投中篮筐为目标，综合跑、跳、投等基本活动技能所组成的一项运动。篮球运动的技术动作是由各种跑、跳、投掷等基本技能所组成的，是一项全身都能得到运动且锻炼价值极高的运动项目。该项目不受年龄、性别的限制，运动量的大小可随人体的承受能力自行调节，只要学生掌握了运球、传接球、投篮就可以比赛。其运动特点具有竞争性、集体性、独立性和趣味性，并能适应学生心理及生理特征的需要，所以篮球运动是广大青少年学生极为喜爱的运动项目。

（14）排球及软式排球教材。基本内容有传球、垫球、发球和简单战术。

排球运动是一项以球为器具，隔网集体对抗的游戏。经常参加排球运动可以提高人的灵敏、弹跳、力量、速度、耐久力等身体素质，提高排球活动的能力和技巧，培养团结协作、勇敢、顽强、拼搏奋进等优良品质。

（15）足球教材。掌握踢、停、顶、运球的方法和简单的战术。

足球，是一项以球为器具，通过脚踢的方式进行的集体对抗的游戏活动。由于足球场地大、活动时间较长、对抗性强、争夺激烈，经常从事足球运动，能有效地增强身体各器官系统的工作能力，发展学生的速度、力量、耐力、灵敏协调等身体素质，培养学生勇敢、顽强、果断、坚忍不拔、克服困难、团结协作等优良品质。参加足球运动，需要掌握踢、停、顶、运球的方法，掌握这些基本技术与技能，还要不断增加脚对足球的把控感觉，即提高“球性”。另外，还要掌握一些简单的战术。

（16）韵律操和舞蹈教材。

韵律体操是新兴的体育项目，是徒手或持轻器械在音乐伴奏下进行有节奏的连续不断的身体练习。其动作吸收了舞蹈、艺术体操、竞技体操、健美体操中节律性较强的动作，以美为特征，并通过其独有的风格和特点表现出来的一种新兴的体育项目。

舞蹈是表述人类心灵的“动态语言”，在凝重的或轻快的节奏中，以“手之舞之，足之舞之”来表达人类的思想感情、心理状态，是以经过提炼、组织、艺术加工的人体动作为主要表现手段，来反映社会生活的一种艺术形式。在体育教学中，因为舞蹈教材是以锻炼学生身体，陶冶性情，对学生进行美的教育为目的的，因此在内容上多是用健身动作、优美的舞姿、健美造型等去启发学生、感染学生、锻炼学生，以帮助学生形成正确的身体姿态，使学生能长期不断地在学习中得到美的熏陶，培养学生热情和朝气蓬勃、勇往向上的精神。

（17）提高身体素质教材。与运动项目配合，也可单独用以锻炼学生身体。结合场地、器材设施，合理进行安排。

提高身体素质教材是学校体育教学的重要组成部分，这部分教材内容，可以与运动项目配合教学，也可以单独用以锻炼学生身体。教师在教学过程中应注意激发学生练习的积极性，防止枯燥乏味情况的出现，同时要针对学生的年龄、性别特征，在了解学生的健康状况、体育基础的前提下，结合学校的场地、器材设施，合理安排。

（18）娱乐体育教材。主要有：毽球、拔河、跳皮筋和跳绳等。

娱乐体育是指为了丰富文化生活，愉快地度过余暇时间而开展的带有娱乐性质的体育活动。

（19）野外活动教材。主要内容包括：野外基本生活条件的获取、野外基本技能学习、简单生活用具的制作、野外基本设备的使用、特殊技能训练、野外险情的处置、野外伤病的自救与互救、野外应急措施、野外求救信号的发放与接收。

2. 如何突出重点，突破难点，抓住关键。

“重点”是指教材中最基本、最重要的核心部分，是学习后继内容的基础，具有常用性和应用性的特点。在体育教学中是指身体练习的主要部分，即某一个身体练习的技术关键或技术环节的重要连接部分。教材的重点是客观的，它不以学习对象的不同而改变。例如：跳远教材的重点就是助跑与起跳的结合。

“难点”包含两层意思：一是学生难以理解和掌握的内容；二是学生容易出错或混淆的内容。教材的难点具有主观性，它不仅与教材有关，更与教学对象的学习能力、身体素质等有关。例如，跳远教材从难点的角度出发，有些学生可能是起跳与助跑的结合（从这一点上看，教材的重点和难点是一致的）掌握不好，从而影响了整体技术的提高，也有些学生可能出现助跑步点不准确，腾空时不平衡甚至前倾，落地时小腿不能前伸等问题。“关键”是指教材中起决定作用的内容，掌握了它，如同掌握了一把钥匙，其余内容便会迎刃而解。

应当认识到，上述三者虽有区别，但又是互相联系的。应采用的教学策略是：突出重点，突破难点，抓住关键。重点要突出就意味着要在教材重要的部分舍得花时间、下力气，让学生真正理解并掌握它；同时突出重点不是丢弃次要内容，相反，要求教师在教学中应采用“以偏托正”的方式，将次要内容围绕重点内容来进行。突破难点常用的办法有以下四种：

（1）分散难点，各个击破。如将难点技术分解成多个小步子，或多种辅助练习，由浅入深、由简单到复杂，或以旧带新，帮助学生由已知过渡到未知，这样便可化难为易。

（2）创设情景，联系实际，引导学生积极思考。

（3）对于容易混淆的内容，可以运用对比的方法来区分各自的特点。

（4）多运用直观的方法以加强学生的感知。

但是，抓住关键，往往是解决难点的突破口，可起到牵一发动全身的作用。

（二）体育教学目标定位能力

1. 教学目标分类

（1）课程目标。

课程目标包含五个方面：

① 增强体能，掌握和应用知识、技能。

② 培养兴趣、爱好，形成习惯。

③ 良好的心理品质、人际交往的能力与合作精神。

④ 具有责任感，健康的生活方式。

⑤ 积极进取、乐观开朗的生活态度。

（2）学习领域目标。

① 运动参与：（a）参与的态度和行为；（b）学会用科学的方法。

② 运动技能领域：（a）获得知识；（b）学习和应用技能；（c）安全活动；（d）获得野外技能。

③ 身体健康领域：（a）正确姿势；（b）发展体能；（c）健康意识；（d）营养、环境和不良行为对健康的影响

④ 心理健康与社会适应领域：（a）了解作用，认识身心发展的关系；（b）体育活动与自尊、自信的关系；（c）学会调控情绪；（d）形成坚强的意志品质；（e）人际关系，

合作精神和体育道德；（f）学会获取知识的方法。

（3）水平目标。

每一个学习领域目标又可细分为若干个水平目标，并对如何达到某一水平目标提出了若干活动建议或内容建议，而不是硬性规定。这就给学校、教师和学生留有很大的选择余地和空间，不管选择什么内容、采用何种方法，只要有助于达成学习目标即可。以运动技能领域“水平四”中的一个目标为例进行如下说明。

“水平四”——发展运动技战术能力

达到该水平目标时，学生将能够：

① 基本掌握一两项球类运动中的技战术。

② 完成一两套武术套路或对练。

③ 完成一两套技巧项目动作或器械体操动作。

④ 完成一两套舞蹈或健美操。

⑤ 基本掌握几项主要的田径运动技能。

⑥ 基本掌握一两种地域性运动项目的技术。

2. 编制教学目标的要求和方法

（1）编制教学目标的要求：

明确性。教学目标具有导向和标尺的作用，具体而明确的教学目标，能够引导师生围绕目标的实现而有效地展开教学活动，恰当地组织教学过程，并且能以此为标尺，准确地检测教学结果。目标的明确性有两项标准：① 能表明可观察到的学习结果；② 能表明检测结果的标准。

整体性。目标的结构要合理，既有反映具有质与量的规定性的行为目标，又不忽视表现内部心理过程的定性目标。目标的内容要全面，既要有知识性的目标，又要重视情感（兴趣、态度）、意志和动手操作方面的目标。并且，要注意目标之间纵向和横向的关联性，以充分发挥目标的整体效应。

弹性。目标的弹性包含有两层意思：一是区别对待。对不同学习层次的学生，制订不同水平的弹性目标；二是灵活变通。目标是教师预期的学生的学习结果，带有很大的主观性，在教学过程中，如发现有未预料的变化，应及时调整目标，不要将它视为神圣不可变更的东西。

（2）教学目标的表述方法主要有三种：

① 认知观的表述方法。用表示内部心理过程的含糊动词扼要地表述，便于会意和交流。但缺乏质与量的规定性。

这是我国教师常用的一种表述方法，往往使用只表示内部心理过程的含糊动词，如“懂得、理解、掌握、领会、欣赏”等。它有利于扼要地表述教学的意图，便于会意和交流，而且情感、态度等方面的目标只能以内部心理过程的概括性的方法加以表述。但是它缺乏质与量的规定性，容易引起含糊和混乱的认识。

② 行为观的表述方法。用可观察、可测量的外显行为来确切地描述。在此以“A，B，C，D”模式为例。

模式 A——教学对象（audience），是指学习者，即行为的主体，行为目标描述的应是学生的行为，而不是教师的行为。规范的行为目标的开头应是“学生应该……”，书写时可以省略，但目标必须是针对特定的学习者而提出的。

模式 B——行为（behaviour），指学生达到教学目标时应能完成的行为，它是目标中最基本的成分。行为应该用明确的行为动词来描述，例如：对学习新教材的描述一般使用“学习……初步掌握……建立……概念”，这里的“学习”“初步掌握”的涵义是指学生基本完成了对技术学习的泛化期的过渡。对复习旧教材的描述一般使用“复习……改进……提高……进一步提高”，这里的“复习”“改进”的基本涵义是指学生初步完成了技术学习的分化期的过渡。“提高”“进一步提高”的基本涵义是指学生基本完成了从技术学习向熟练掌握的过渡。对发展学生身体素质和提高身体机能方面的描述一般使用“发展……增强……提高……促进……”。对思想品德方面的描述一般使用“培养……加强……发扬……调动……”。

模式 C——条件（conditions），指学生行为发生的条件，即评定学习结果的约束因素（包括环境、人、设备、信息、时间、问题明确性等因素）。例如，在 X X 时间内，能独立完成 X X 动作；在提供 X X 资料的情况下，能编制一个游戏，等等。

模式 D——标准（degree），指评定行为的最低依据，或学生对目标所达到的最低水准，包括完成行为的时间限制、完成行为的准确性、完成行为的成功特征。

（3）内外结合法。内部过程与外显行为相结合。

这是用内部过程与外显行为相结合描述教学目标的方法。如格朗伦德（N.E.Gronlund）于 1978 年在《课堂教学目标的陈述》一书中提出的，可先用描述内部过程的术语陈述一般教学目标，然后用可观察的学生表现使之具体化的方法。

（三）制订教学策略训练

制订教学策略，就是设计课堂教学如何进行下去的方案。所谓教学策略，是教学系统论或教育工艺学的术语，是指建立在一定理论基础之上为实现某种教学目标而制订的教学实施总体方案，包括合理选择和组织各种方法、材料，确定师生行为程序等内容。

1. 拟订教学程序

拟定教学程序就是对教学的实施步骤、阶段划分和时间分配作出安排，从而保证有计划、分阶段地实现预期目标。

（1）传统模式有：

① 新授课的程序：导入新教材—学习新教材—巩固新教材—布置作业。

② 练习课的程序：提出目标要求—示范指导—独立练习—检查评价。

③ 复习课的程序：提出复习要求—系统归纳—重点练习—小结。

（2）新型模式有：

① 身心发展课的程序：确立目标（基本指标）—自我检测（主观感受）—教师咨询（客观诊断）—练习方法（运动处方）—实施过程（数据积累）—效果检验（信息反馈）。

② 运动参与课的程序：活动设计（围绕目标）—组织实施（优化结构）—创建氛围（提高兴趣）—表扬鼓励（巩固理念）

③ 技能学习课的程序：导入—模仿—重复—演示—纠偏—改进—应用。

④ 合作交往课的程序：选定目标—寻求途径—设计内容—检验效果。

2. 选择教学方法

首先，选择教学方法首先取决于教学目标和教学任务的要求，要符合教学内容的特点。

其次，选择教学方法要立足于教学改革，有利于调动学生的主动性、积极性，有利于发挥教师的主导作用，提高学生参与的兴趣，充分发挥教材的能力价值、应用价值和教育功能。

最后，选择教学方法要考虑教师和学生的能力条件、物质条件和教学时间的局限性。在整节课的教学中，应安排各种方法交替使用或组合使用，需要通盘考虑，要进行筛选、衔接，形成最佳的教学方法的配搭方案。

选择教学方法并无严格的程序，需要反复构思筛选，新任教师可从回答上述程序性问题入手选择与组合教学方法。

（四）设计体育课堂环境

课堂环境指的是为实施教学活动而组织起来的各种外部条件的总和。包括物质环境（如器械布置，体育设施齐全并美观，电教手段等）和课堂社会心理环境（如课堂中师生关系、班风、教学气氛等）。

创设课堂环境主要包括：

（1）奥妙有趣、激励探索——满足求知需要。

（2）和谐协同、相互尊重——满足社交需要。

（3）积极向上、普遍成功——满足求成需要。

（4）愉悦欢欣、新颖优美——满足审美需要。

（五）编写体育课堂教学设计

1. 体育教学设计的概念

体育教学设计是对课堂教学的总体规划与具体布局，需要对教学有一个总体的构思与分析，还要有一个具体的方案即撰写教案的过程。它既不是体育教学计划也不是教案。如图 1-1 所示。

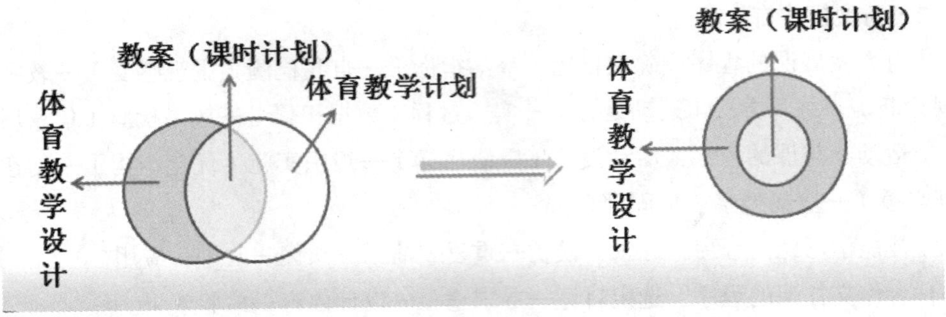

图 1-1　体育教学设计

2. 体育技术课教学设计的基本要素

体育技术课教学设计的基本要素包括：教学任务、教学对象、教学目标、教学策略、教学过程、教学评价。这六个基本要素相互联系、相互制约，构成了教学设计的总体框架。除此之外，教师作为整个教学过程的组织者和指挥者，也是教学设计过程中的一个重要因素。

（1）教学任务。

在体育新课程理念下，体育技术课教学的一切活动都着眼于学生的发展。在教学过程中如何促进学生的发展，培养学生的能力，是现代教学思路的一个基本着眼点。因此，教学由教技术向用技术转变。以往教师关注的主要是“如何教”问题，而现在教师应首先关注的是“教什么”的问题。也就是需要明确教学的任务，进而提出教学目标，选择教学内容和制订教学策略。

（2）教学对象。

学生是我们进行教学设计的出发点、归宿和核心，因此，必须对学生的基本特征、已具备的基本知识和认知结构、学习风格等有一个基本了解。学生在整个学习活动中处于什么样的地位？他们有哪些自主权和交互行为？如何调动学生学习的兴趣和积极性？这一系列的问题是“学生”要素所要研究和考虑的。

（3）教学目标。

教学设计中对于目标的阐述，能够体现教师对课程目标和教学任务的理解，也是教师完成教学任务的归宿。主要包括对学习者培养的阶段性目标和学完学习内容之后所要达到的单元目标。这两个目标应是一致的，后者服务于前者，单元目标的实现是阶段性目标实现的基础，总目标的实现又依赖于不同时期的阶段性目标的实现；而培养总目标则和社会发展的大环境和总需求、现代人才观、学习者的具体状况相联系，不同的社会需求，不同的学习者状况就会有不同的学习目标。

新课程标准从关注学生的学习出发，强调学生是学习的主体，教学目标应是教学活动中师生共同追求的，而不是单纯由教师所操纵的。因此，目标的主体应该是教师与学生。教学目标确立了知识与技能、过程与方法、情感态度与价值观三位一体的课程教学目标，它与传统教学只关注知识的传授和技能的训练是截然不同的。体现在课堂教学目标上，就是注重对知识与技能，过程与方法的追求，情感、态度与价值观三个方面的有机整合，突出了过程与方法的地位。因此，在教学目标的描述中，要把知识技能、能力、情感态度等方面都考虑到。

（4）教学策略制订。

所谓教学策略，就是由为了实现教学目标、完成教学任务所采用的方法、步骤、媒体和组织形式等教学措施构成的综合性方案。它是实施教学活动的基本依据，是教学设计的中心环节。其主要作用就是根据特定的教学条件和需要，制订出向学生提供教学信息、引导其活动的最佳方式、方法和步骤。教学策略的设计主要包括教学组织形式、教学方法的选择、学法指导、教学媒体的应用等。

（5）教学过程。

现代教学系统由教师、学生、教学内容和教学媒体四个要素组成，教学系统的运动变化表现为教学活动进程（简称教学过程）。教学过程是课堂教学设计的核心，教学目标、教学任务、教学对象的分析，教学媒体的选择，课堂教学结构类型的选择与组合等，都将在教学过程中得到体现。那么怎么样在新课程理念下，把诸因素很好地组合起来，是教学设计的一大难题。

（6）教学设计自我评价

新课程理念下，教学设计的功能与传统教案有所不同，它不仅仅只是上课的依据。教学设计，首先能够促使教师理性地去思考教学，同时在教学元认知能力上有所提高，只有这样，才能够真正体现教师与学生双发展的教育目的。

3. 体育技术课教学设计的基本要求

体育技术课教学设计要符合体育新课程标准的基本理念，即在“健康第一”的思想指导下，以学生为主体，内容的选择要符合不同水平阶段学生的学习目标，符合学生主体的需求。教学设计在体现体育新课程要求的同时，还要考虑到地区与学校的实际情况，学生身心健康的需求，隐性课内容显形化，学校的特色及校本课程，民族特色、体育课课程、技术课教育功能等诸多方面的要求。

（1）教学设计要充分体现体育新课标的要求。

黑格尔说过：“没有目标，一切行为都没有价值。”《课程标准》是由国家教育主管部门制定和颁布的，是实施体育与健康课程的指导性文件。它体现了国家对不同学段学生在运动参与、运动技能、身体健康、心理健康、社会适应等方面的基本要求，具体规定了体育与健康课程的性质、目标及内容标准等，并提出了教学与评价的建议，是国家管理与评价体育与健康课程的教学质量、编写教材、进行体育教学、评定学生的体育学习成绩的重要依据。为中小学体育与健康课程的建设和发展指明了方向。

体育新课程技术课教学设计建立在新的《体育与健康课程标准》基础上，在教学设计的过程中要体现新课程的基本理念，体现“健康第一”“以人为本”的指导思想，教学设计要有利于学生的全面发展。

（2）教学设计要符合各地区与学校的实际情况。

我国地域辽阔，内陆与沿海不仅在地形地貌上有着非常明显的差异，而且经济和教育的发展也很不平衡，各地人民的生活和文化习惯各不相同。新的《课程标准》充分考虑了我国的国情、教育和社会发展的需要，充分考虑了各地区在经济、文化、生活习惯、民族习俗等方面的差异，力求使《课程标准》具有广泛的适应性。《课程标准》根据学生身心发展特征和学习需求，提出了学生在不同阶段的学习目标，而不是详细的教学任务和教学内容。这就给予地方和学校很大的选择余地和发展空间。因此，在进行体育课教学设计的时候，可以在体现新课程的目标体系的基础上，根据地方的具体条件和学校的实际情况，制订切实可行的实施方案。

（3）教学设计要有利于学生身心健康的发展。

新的《体育与健康课程标准》将目标确立为：一是增强体能，掌握和应用基本的体育与健康知识和运动技能；二是培养运动兴趣和爱好，形成坚持锻炼的习惯；三是具有良好的心理品质，表现出人际交往的能力与合作精神；四是提高对个人健康和群体健康的责任感，形成健康的生活方式；五是发扬体育精神，形成积极进取、乐观开朗的生活态度。

教师在安排教学时应给每位学生留有探究的空间，并进行适当的引导和点拨，让学生在探究学习的过程中巩固知识，提高能力，发展体能。教学设计要注重学生身心发展，既要让学生掌握必备的体育知识和技能，又要使学生在体育学习过程中得到相应能力的培养。

（4）教学设计要注意隐性课程与显性课程的关系变化。

体育隐性课程的影响无处不在，且内容极其丰富，而且隐性课程的接收机制是无意识的，具有持久性的特点。隐性课程与显性课程之间存在内在的联系，一方面，显性课程的实施总是伴随着隐性课程的；另一方面，隐性课程也在不断转化为显性课程。而这种转化有时候是积极的，有时候是消极的。因此，在进行教学设计的时候，要注意显性课程与隐性课程的关系，教学设计要使隐性课程在向显性课程转化的过程中发挥其积极的效应，避免消极效应。同时在教学设计中还要注意新的隐性课程的产生可能会导致的各种效应对学生的影响。

（5）教学设计要注重校本课程建设，突出学校和民族特色。

新课程突出了“基础性、时代性和选择性”的新特点，并且打破了以往僵化统一的课程内容，赋予学校更多课程自主权，力求让每一个学校办出个性和特色，从而更好地促进学生有个性的全面发展。

校本课程的开发与建设是新课程改革的重要组成部分，是落实学校课程自主权，实现学校特色及学生个性发展的重要举措。在新课程标准的宏观调控下，体育与健康课程内容的标准是开放的，它没有规定具体的学习内容，而是针对不同的方面和不同的学习水平，指出一些学习内容的框架和在学习内容上达到某一水平时的具体目标，这就为课程的教学选择与安排教学内容留有充分的余地和创造空间，它给了我们一个框架，我们在这个框架下面进行体育教学设计，就可以自主地进行一些针对学校的这种场地设施、学校的传统项目、学校的一些特长，学生的一些特征进行教学，在教学中对学校传统体育内容进行进一步的改造，在教学中可以引进新型的体育项目，让那些学生非常喜欢而且有锻炼价值的项目进入课堂，这体现了对学生兴趣的关注，同时也贴近学生的生活。关注了学生的兴趣，学生的需求跟我们社会的要求相结合，同时在教学中给予学生一定的创新个性发展，从而使学生在教学标准的 4 个领域得到良好的发展和最大的收益。

（6）教学设计要重视体育新课程技术课的教育功能。

21 世纪是知识经济的时代，是面对国际激烈竞争的时代，中国教育改革和发展纲要高屋建瓴地指出："谁掌握了 21 世纪的教育，谁就能在 21 世纪的国际竞争中处于战略主动地位"。明确表明要想在激烈的竞争中取得胜利，关键是人才的观点，而人才的培养又主要靠教育。所以，我国实施"科教兴国"战略，全面推进素质教育，这是关系到培养什么样人的问题，是关系国家存亡的问题。教育是各类各级学校的本职工作，是最基本、最重要的功能，是学校各门课程教学根本的任务。教师最大的使命就是育人，按照国家和社会的要求培养下一代，使他们成长为符合一定标准的人才。

体育新课标的运动参与、运动技能、身体健康、心理健康和社会适应这四个学习领域从不同的视角对儿童、少年和青年学生进行育人。如果在教学中只重视传授知识和技术，不重视或放弃对学生心理健康、思想品德的教育，是折本求援，丢掉自己的育人的使命。教师应将应将树人的思想品德教育、心理健康等贯穿于体育教学设计和一切教学活动中。

通常所说的课程设计，是指在备课过程中，明确本节课的指导思想和主题，对整个教学过程及各个环节、各个步骤、每种教法进行认真的研究后，拟定出比较详细的实施构想。它与教案不同，教案是在课的设想的基础上，用文字编写出科学、合理、切合实际的计划或方案。

案例 1

篮球体前变向换手运球

一、指导思想

依据《体育与健康》课程四大理念，努力贯彻"以人为本、健康第一"的指导思想，以学生发展为中心，体现学生的主体地位，关注学生的个体差异，全面推进素质教育，培养学生科学健身的能力。注重改善学生的学习方式和实践体验。激发学生对篮球的兴趣，营造良好的学习氛围，充分调动学生的学习积极性，让学生在学习篮球的欢乐中，得到全面发展。

二、教材分析

篮球体前变向换手运球是依据课程标准水平四的课程来选择的。体前变向换手运球是篮球运球技术中的一项基本技术，也是比赛中运用最广泛的运球突破技术。它的方法简单实用，具有动作迅速、隐蔽突然、易与其他运动衔接，对球的保护好等特点，是中学篮球教学重要的组成部分。篮球体前变向换手运球不仅可以提高学生上肢力量、灵敏、协调等运动能力，还可以通过利用这一技术摆脱防守而获得自信与成就感。培养超越对手的勇气与自信心，为更好的学习各种篮球技术和战术奠定基础。

三、学情分析

本节课的教学对象是初一（2）班的学生。该班共有 40 人，男女各半。该班已经学习过篮球的传球、接球和运球等技术，对篮球有了一定了解。

七年级的学生精力充沛，兴趣广泛，具有较强的竞争意识；但自我约束能力较差，注意力集中时间不长。学生善于表现自我，参与意识较强，但是坚持锻炼，持之以恒的毅力较差。另外该班学生综合素质比较好，但个别同学体质较弱、运动技术较差，对篮球兴趣不高。

四、教学目标

（1）80%的学生能初步做出体前变向换手运球的基本动。

（2）提高学生上肢力量、灵敏、协调、等运动能力。

（3）培养学生学习体育的积极性和团结合作的意识，增强健身能力。

五、教学重点难点

① 重点：变向换手，侧肩护球。

② 难点：手脚配合。

六、教学准备

篮球场 2 个、篮球 41 个、标志物 4 个。

七、教学过程（见表 2-1）

八、教学效果预测

本节课教学目标基本达成，练习密度约为整堂课的 35%，平均心率在 115 次/分钟左右。

表 2-1

课序	时间	活动内容	教与学	预计运动负荷			教学组织与要求
				次数	时间	强度	
一	2分	课堂常规 （组织如图1）	教法： 1. 接受体委的人数汇报，师生问好 2. 了解课后复习情况 3. 告知本次课的学习内容及对学生的期望，安排见习生 学法： 1. 体委快速整队，其他同学集中注意力，完成整队 2. 积极反馈、用心听 3. 清楚本节课的任务及目标	1	2分	小	组织：  （图1） ☺：学生 ♡：老师（下同） 要求：静、快、齐、认真
二	6分	1. 绕场运球慢跑 （组织如图2） 2. 行进间徒手操 （肩部运动、扩胸运动、体转运动腹背运动、弓步压腿） （组织如图2） 3. 球性练习 ① 原地高低运球 ② 原地体前换手运球 （组织如图3）	教法： 1. 强调准备活动的重要性，引起学生的重视 2. 指导学生边复习边热身 3. 教师领做，并用口令提示动作的规范要领 4. 注意及时纠正学生存在的问题 学法： 1. 积极参与、主动、认真 2. 巩固运球技术 3. 充分活动各个关节 4. 复习运球技术，积极练习，增强球感	2圈 4*8 20	2分 2分 2分	小～中 小 中	组织： 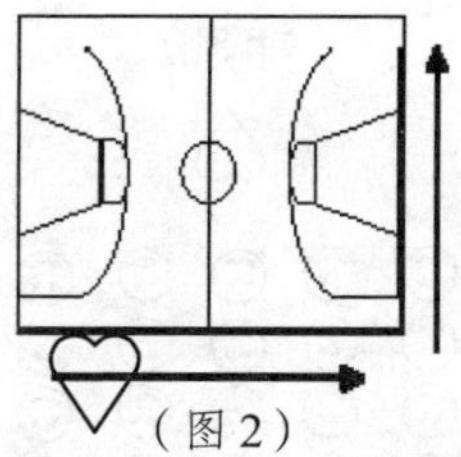 （图2）  （图3） 要求：1. 积极参与、投入热身

课序	时间	活动内容	教与学	预计运动负荷			教学组织与要求
				次数	时间	强度	
三	17分	体前变向换手运球： 动作方法： 以右手运球为例，向左变向时，先向对方左侧做突破的假动作，当对手左移堵截时，突然按拍球的右后上方，使球反弹到左侧，同时右脚向左前方跨步，身体左转侧肩挡住对手，换左手运球前进。 动作要领口诀：一转、二探、三跨步 	教法： 1. 教师提出问题，激发学生学习兴趣。 在篮球比赛中，当我们运球线路被对方阻截时，我们该怎么办？① 停止运球② 传球③ 突破 2. 引导学生回答，找学生配合讲解示范体前变向换手运球的完整动作 3. 组织学生自由分组，相互探讨，进行模仿体会练习，引导学生讲出体前变向换手运球动作的重难点 4. 教师讲解示范教学动作，引导学生明确练习要点。 组织学生进行如下练习： ① 集体进行徒手跨步、侧身护球的动作练习（组织如图4） 动作分两拍，准备姿势为两手持球于体前，两脚左右开立。第一拍向右侧做假突动作，第二拍右脚向左前方跨出，身体左转侧肩 ② 集体原地变向运球练习（组织如图4） ③ 原地进行上一步的体前变向换手练习（组织如图4）	5-6 8-10 10-20 8-10	2分 3分 2分 4分	中 中 中 中	组织：  （图4） 要求：1. 动作熟练，步法正确 2. 动作规范、体会按拍球的左右上方使球右左变向的道理 组织：  （图5） 要求：1. 动作规范，控制好球

续表

课序	时间	活动内容	教与学	预计运动负荷			教学组织与要求
				次数	时间	强度	
三	17分		动作分3拍：第1拍运球右脚向右前跨步，第2拍向左变向换左手运球，第3拍右脚向左前跨步 ④行进间运球：3~4步用体前变向换手运球绕过障碍练习（组织如图5） 行进间运球：3~4步到障碍物前一步的位置降低重心做体前变向换手运球突破 5. 教师巡回指导，及时纠正错误动作，分析原因 学法： 1. 认真观察教师的示范动作，体会动作要领 2. 自由组合、自行模仿练习，积极思考回答 3. 认真练习，体会动作要领 4. 练习中互相学习共同进步	8-10	6分	大	
四	10分	体前变向换手运球接投篮比赛： 方法：把学生分成四组，分别在四个半场，运用体前变向运球突破障碍物接投篮。最先完成的队伍为胜 规则：必须使用体前变向运球突破障碍物（组织队形如图6）	教法： 1. 教师讲解比赛方法 2. 调动队伍分组，组织比赛，并担任裁判 3. 赛后请学生展示，引导学生相互评价 学法： 1. 遵守游戏规则，积极竞争 2. 大胆挑战，体验成功的乐趣 3. 积极展示，相互评价，相互学习		10分	大	组织： 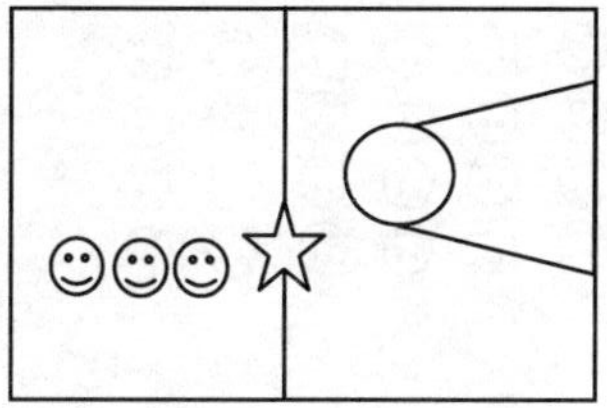 （图6） 要求：保证动作的规范性，遵守比赛规则，注意安全

续表

课序	时间	活动内容	教与学	预计运动负荷			教学组织与要求
				次数	时间	强度	
五	5分	放松： 1. 全身拉伸 2. 上肢放松 3. 腿部放松 （组织如图8） 总结： 1. 评价与总结本次课 2. 布置课后练习（上肢力量练习） 3. 回收器材，宣布下课 （组织如图9）	教法： 1. 教师和学生一起放松，边喊口令边示范 2. 用语言提示学生该怎么做 学法： 1. 积极参与放松活动 2. 注意两人放松时的协调和默契 教法： 1. 先让学生做自评与互评，然后老师再进行总评 2. 提出课后练习要求，为下节课做准备 学法： 1. 认真听老师总结，并积极参与课堂评价 2. 回收器材，记得练习内容，课后积极练习	4*8	3分 2分	小 小	组织：  （图8） 要求：积极参与，放松身体 组织：  （图9） 要求：快、静、齐、认真

案例 2

排球正面屈体扣球教学设计

一、指导思想

依据《体育与健康》课程的四大理念，努力贯彻“以人为本、健康第一”的指导思想，以学生发展为中心，体现学生的主体地位，关注学生的个体差异，全面推进素质教育，培养学生科学健身的能力。注重改善学生的学习方式和实践体验。激发学生对排球的兴趣，营造良好的学习氛围，充分调动学生的学习积极性，让学生在学习排球的欢乐中得到全面发展。

二、教材分析

排球正面屈体扣球是依据课程标准水平四的课程选择的。排球运动是通过发、垫、传、扣、拦等动作组成的。扣球是排球比赛中最积极、最有效的进攻手段，也是夺取发球权和得分的主要方法，是中学排球教学的重要组成部分。排球正面屈体扣球不仅可以提高学生上肢力量、灵敏、协调、平衡等运动能力，还可以培养学生的心理素质，增强个人自信心，为更好的学习各种排球技术和战术平奠定基础。

三、学情分析

本节课的教学对象是某初二（2）班的学生。该班共有 40 人，男女各半。该班已经学习过排球的传球、垫球和发球技术，对排球运动有了一定了解。

七年级的学生精力充沛，兴趣广泛，具有较强的竞争意识；但自我约束能力较差，注意力集中时间不长。学生善于表现自我，参与意识较强，但是坚持锻炼，持之以恒的毅力较差。另外该班学生综合素质比较好，但个别同学体质较弱、运动技术较差，对排球兴趣不高。

四、教学目标

1. 80%以上的学生掌握排球正面屈体扣球技术，25%的学生在练习中能正确灵活运用该技术。

2 提高上肢力量、灵敏、协调、平衡等运动能力。

3 提高学习体育的积极性和团结合作的意识，增强健身能力。

五、教学重点难点

重点：助跑与起跳及扣球的手法（挥臂甩腕鞭打）。

难点：适宜的起跳点和起跳时机。

六、教学准备

排球场 2 个、排球 41 个。

七、教学过程（见表 2-2）

八、教学效果预测

本节课教学目标基本达成，练习密度约为整堂课的 35%，平均心率 115 次/分钟。

表 2-2

课序	时间	活动内容	教与学	预计运动负荷			教学组织与要求
				次数	时间	强度	
一	2 分	课堂常规 （组织如图 1）	教法： 1. 接受体委的人数汇报，师生问好 2. 了解课后复习情况 3. 告知本次课的学习内容及对学生的期望，安排见习生 学法： 1. 体委快速整队，其他同学集中注意力，完成整队 2. 积极反馈、用心听 3. 清楚本节课的任务及目标	1	2 分	小	组织：  （图 1） 要求：静、快、齐、认真
二	6 分	1. 慢跑中传垫球（这个练习如无法安排,可改为拍运球慢跑。对应的内容也要相应修改） 方法:全体学生围成一个圈慢跑，一个同学拿球,跑动过程中随机传垫球（组织如图 2） 2. 行进间球操 （肩部运动、扩胸运动、体转运动腹背运动、弓步压腿）（组织如图 3） 3. 球性练习 （自传、自垫）	教法： 1. 强调准备活动的重要性，引起学生的重视 2. 指导学生边复习边热身 3. 教师领做，并用口令提示动作的规范 4. 注意及时纠正学生存在的问题 学法： 1. 积极参与、主动、认真 2. 巩固传垫球技术 3. 充分活动各个关节 4. 复习传垫球技术，积极练习，增强球感	4 圈 4*8	2 分 2 分 2 分	小~中 小 小~中	组织： 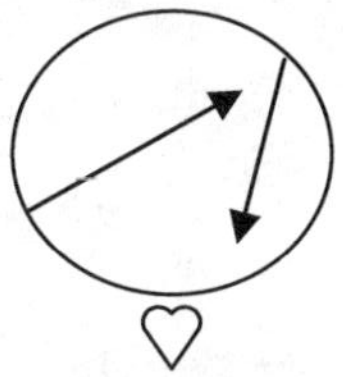 （图 2）  （图 3） 要求：1. 积极参与、投入热身 2. 慢跑过程中控制传垫接球力度

续表

课序	时间	活动内容	教与学	预计运动负荷			教学组织与要求
				次数	时间	强度	
三	22分	正面屈体扣球： 动作方法： 助跑前采用稍蹲的准备姿势，两臂自然下垂，观察并判断来球的落点。助跑时，左脚先向前迈出一小步，接着右脚再迅速跨出一大步，左脚及时并上，踏在右脚之前，由脚跟先着地迅速过渡到全脚掌着地，两脚落地的同时，两膝弯曲稍内收，迅速蹬地，两臂由后向前用力上摆。起跳后，挺胸展腹，上体右转45°左右，身体成反弓形。挥臂时，转体收腹，依次带动肩、肘、腕各关节成鞭甩动作向前上方挥动，手臂挥至最高点时，用全手掌击球的后中上部，并主动向前推压，使球前旋。落地时要屈膝缓冲，双脚同时落地。	教法： 1. 教师示范讲解正面屈体扣球的完整动作 2. 组织学生尝试练习，并引导学生观察听讲，掌握完整的正面屈体扣球动作概念及要领 3. 教师分解示范、讲解动作，引导学生明确练习要点和方法。组织学生进行如下练习 ① 集体徒手助跑双脚起跳练习（组织如图4） ② 集体原地徒手模仿挥臂甩腕扣球练习（组织如图4） ③ 集体徒手模仿完整的正面屈体扣球练习（组织如图4） ④ 两人一组，扣固定球练习（组织如图5） 二人一组面对面站立，一人双手持球于头上正前方，另一人原地挥臂扣球 ⑤ 二人对扣反弹球（组织如图5） 二人一组相距7米左右，将自己向上抛起的球对地面扣反弹球至对方，对方接球后，用同样的方法将球扣回来	5-6 8～10 8～10 8-10	2分 2分 2分 2分	中 中 中 中	组织：  （图4） 要求：1. 动作熟练，步法正确 2. 动作规范、体会正确的挥臂路线 3. 双脚落地，体会扣球完整的动作 组织：  （图5） 要求：1. 动作规范，扣球人在最高点用全手掌击球后中上部 2. 动作规范，用全手掌击球，并有意识控制球的落点

续表

课序	时间	活动内容	教与学	预计运动负荷			教学组织与要求
				次数	时间	强度	
			⑥（不要自抛助跑自扣，这个可能比较难控制，可不用，直接进行正面屈体扣球完整动作练习：助跑起跳扣抛或传的一般近网高球（低网）（组织如图 7）一人抛球一人扣球（或固定由传球好的同学轮换传球） 4. 教师巡回指导，及时纠正错误动作，分析原因 学法： 1. 认真观察教师示范动作，体会动作要领 2. 自由组合自行模仿练习，积极思考回答 3. 认真练习，体会动作要领 4. 练习中互相学习，共同进步	8-10 8-10 8-10 8-10	4 分 3 分 3 分 6 分	中 中 大 大	组织：  （图 6）  （图 7） 要求：抛球要高且稳，扣球者体会助跑起跳的时机、起跳点及击球手法，不触网。

续表

课序	时间	活动内容	教与学	预计运动负荷			教学组织与要求
				次数	时间	强度	
四	5分	正面屈体扣球比赛： 方法：把学生平均分成两组，每组二十人，每组选择一名二传手，其他同学将球扣到对方场地，每人扣一次，最后成功扣球个数多的组为胜 规则：采用正面屈体扣球动作，球要落在场内（组织队形如图7）	教法： 1. 教师讲解游戏方法 2. 调动队伍分组，组织游戏，并担任裁判。 3. 赛后请学生展示，引导学生相互评价 学法： 1. 遵守游戏规则，积极竞争 2. 大胆挑战，体验成功的乐趣 积极展示，相互评价，相互学习	4	5分	中	组织：  要求：保证动作的规范性，遵守比赛规则，注意安全要领
五	5分	放松： 1. 全身拉伸 2. 上肢放松 3. 腿部放松 （组织如图8） 总结： 1. 评价与总结本次课 2. 布置课后练习（上肢力量练习） 3. 回收器材，宣布下课 （组织如图9）	教法： 1. 教师和学生一起放松，边喊口令边示范 2. 用语言提示学生该怎么做 学法： 1. 积极参与放松活动 2. 注意两人放松时的协调和默契 教法： 1. 先让学生做自评与互评，然后老师再进行总评 2. 提出课后练习要求，为下节课做准备 学法： 1. 认真听老师总结，并积极参与课堂评价 2. 回收器材，牢记练习内容，课后积极练习	4*8	3分 2分	小 小	组织：  （图8） 要求：积极参与，放松身体 组织：  （图9） 要求：快、静、齐、认真

第二节　体育说课训练

一、说课技能的概念

“说课”是指教师运用系统理论和方法，在教学设计的基础上，于授课前向领导、同行或评委讲解课题的教学内容、教学设计、教学思路、教学方法及其理论依据的一种教研活动。

具体说就是教师对教学课题如何上、为什么这样上的教学分析。它是以教师口头表达为主，以教育科学理论和教材为依据，针对师生具体情况和课题特点，以同行为主要对象，在教学设计与上课之间所进行的教学研究。它要阐明的是教什么、怎样教和为什么要这样教及其理论依据。

说课技能是指教师在教学设计的基础上，在特定场合叙述某一教学课题设计与分析的行为方式。

说课与授课既有相同点，又有不同之处。其相同点在于说课与授课是同一教材。不同之处是：其一，目的不同。授课的目的是将书本知识或技能转化为学生知识或技能，进而培养能力，进行思想教育，目的是让学生会学；说课的目的则是向听者介绍一节课的教学设计，目的是让听者听懂。其二，内容不同。授课的主要内容在于教哪些知识，怎么教；说课则不仅要讲清上述的主要内容，而且要讲清这样做的原因。其三，对象不同。授课的对象是学生；说课的对象是领导、同行或专家、评委。其四，方法不同。授课是教师与学生的双边活动，在教师的指导下，通过听、看、说、练等形式完成；说课则是以教师自己的解说为主。

二、说课技能的功能

（一）提高教师教学理论素养

教师在准备说课的过程中，对每项教学目标的确立，每个教学环节的安排，每一个教法、学法的运用，都得经过深思熟虑，都要由“知其然”向“知其所以然”转变，这是教师学习教学理论、研究教学理论的过程，是教师素质不断充实提高的过程。因此，经常从事说课技能训练能促进教师对教育教学理论的学习，加强教师对教学理论的研究，使他们能够理论联系实际，不断总结教学经验，用教学理论指导教学实践，将教学理论应用变得熟练而有效，从而促进教师的教学理论素养的不断提高，使教师由经验型教师逐渐转变为理论型教师，由教书匠逐渐升华为教育家。

（二）帮助教师驾驭教材，训练教师的语言能力

说教材是说课的重要内容之一，说教材的实质是反映教师对教材的领会、理解和处

理的能力，考察教师对教材整体掌握的水平——熟悉课程标准和教材的程度，对新旧知识关系的理解，所选教法和学法指导的运用依据等。因此，说课训练，能有效地帮助教师理解教材，提高教师对教材的驾驭能力和对教材的整体掌握水平。

说课是教师运用语言来表达自己的教学思路，通过语言向听者介绍怎样上课。这种形式为广大体育教师提供了在有人监督和评论的情况下运用语言进行讲述的机会。同时，说课又促使教师为了获得更好的说课效果，在说课前刻苦练习，努力钻研。实践证明，只要体育教师坚持参加说课活动，勤学苦练，努力探索，其语言表达能力必然会得到提高。

（三）促使教师相互交流教学经验，共同提高教学能力

教师交流教学经验的方式有很多，如经验介绍、观摩示范教学、读论文、看材料等。而说课是教师相互交流教学经验，共同提高教学能力的一条有效途径。教师的“说课”往往是边叙述，边解释，边评论。说课和听“说课”所营造的平等、和谐的环境，便于人们在潜移默化中取人之长，补己之短。而且说课的可操作性很强，听者可从别人对教学思路、教学方法、教学手段以及教学理论的见解中得到启发，听者也可把某些具体做法、某个教学技能、某条教学理论引入自己的课堂教学中。这样说课也就成为教师共同提高教学能力的一种有效方式。

（四）促进教学研究，提高教学质量

开展说课活动，教师参与教学研究，能激发教师进行教学研究的兴趣，提高教师进行教学研究和改革的意识，促进学校教学研究的深入和教学改革的深化，从而提高教学质量。

二、体育说课训练的内容

（一）说教材

教材是课程的载体，是师生教学活动的信息源泉。能否准确而深刻地理解教材、高屋建瓴地驾驭教材、合乎实际地处理教材、科学合理地组织教材，是课堂教学设计和上好课的关键，因此也成为说课的首要环节。说教材主要包括以下内容：

1. 说清楚本节教学内容在教材中的地位和作用，弄清教材编排意图和教材内容表现的实质。

2. 说明如何依据教材内容（并结合课程标准和学生实际情况）来确定一节课的教学目标。

3. 说清楚教材的性质与特点。

4. 说明如何处理教材。即如何精选教材内容，合理扩展或加深教材内容，通过加工将其转化为教学内容；如何确定教学重点和教学难点。

5. 根据教材特点和教学目标，如何设计辅助性或诱导性教材及提高身体素质的教材

内容。

（二）说学生

教师要说出所教学生的学习状况、接受能力及生理、心理等方面的特点，明确有利因素、不利因素及所要采取的对策。

（三）说教学策略

教学策略是解决“如何教”“怎样教”的教学方案，说教学策略主要包括以下内容：

1. 说课型：讲清楚根据教学计划安排，本次课的教学内容是新授课还是复习课。

2. 说教学模式：说出教学过程的总体结构设计，即开始部分—主体部分—结束部分的内容安排，使课堂结构完整。

3. 说教法：教法，即教师采用的教学方法。应说出“ 怎么教”以及“为什么这样教”。

（1）说出本节课所采用的最基本或最主要的教法及所依据的教学原理或原则。

（2）说出本节课所选择的教学方法、手段，对它们的优化组合及其依据。

（3）说明教师的教法与学生应采取的练法之间的联系，说明拟对学生进行什么样的练习方法的指导。

（4）重点说明采取何种教学方法解决教学重点和难点，怎样有机衔接好各个具体的教学环节，突出重点，突破难点。

（5）培养学生哪些能力，如何充分体现主导与主体、知识与能力的有机结合，如何激发学生学习兴趣和学习的积极性，以更好地实现教学目标。

4. 说教学组织：在说明教材展开的逻辑顺序、主要环节、过渡衔接及时间安排的基础上，还应讲清楚如何为实现教学目标以及针对课型特点及教学法要求组织教学，在不同教学阶段师与生、教与学、讲与练是怎样协调统一的。

（四）说练法

练法即学生的练习方法。说练法，要求教师必须了解情况，具体说清三个问题。

1. 针对本节教材特点及教学目标，学生采用怎样的练习方法便于实现教学目标，这种练习方法有何特点，如何在课堂上操作，它是怎样影响和规定着教师的教法的。

2. 在本节课中，教师要做怎样的练法指导，怎样使学生在练习过程中达到会学，怎样在教学过程中恰到好处地融入练法指导。

3. 如何安排课的练习密度、强度与负荷。

（五）说场地器材设计

场地器材是体育课教学实现教学目标的物质保证，因此教师说课时，要说清根据教材、学生特点以及场地器材实际情况，安排场地器材的情况。

以上五个方面，只是为说课内容提供一个大致的范围或轮廓，并不意味着说课时都要面面俱到，逐项说来，而是应该突出重点，抓住关键，以便在有限的时间内进行有效的陈述，应该展开的内容要充分地展开，应该说透的道理应尽量地说透，这样才能取得良好的说课效果。

三、体育说课训练的基本要求

（一）客观真实，说做一致

说课要从自己的实际出发，既不盲目攀高，也不生搬硬套，要充分发挥自己的真实水平，将理论学以致用，用之得当，说到就要做到，能做到才说到。不能理论上一套实践上另一套，说的是一套做的是另一套，要保证说课内容与上课内容的高度一致性。

（二）突出重点，展开说透

说课要确定并突出重点，保证在有限的时间内能充分地展开，把事理说透。确定说课重点的依据有主、客观两方面因素。在客观上，一是课题本身存在的重点，二是站在听课者的角度发现其感兴趣的或需要解决的问题；在主观上，自己觉得能够说得清楚或者说得深刻的关键点。当然，做到主客观统一才最好。说课切忌面面俱到，蜻蜓点水，什么也说不清、谈不透。

（三）突出“说”字，找准“说点”

说课要求教师用 10 分钟左右的时间将一节课的教学设计、教学过程及教学内容用简要准确的语言表达出来。因此，说课者要根据课型抓住课的基本环节去“说”。说教材，说设计，说学生，说教法，说练法，说过程，说器材。

说课要突出“说”，就必须注意以下几点：①“说课”不等于“备课”，教师不能照教案读。②“说课”不等于“讲课”，听课对象不是学生。③“说课”不等于“背课”，教师不应将事先准备好的“说案”一字不漏地背出来。④“说课”不等于“读课”，教师不能拿着事前写好的材料去读。因此，教师在说课时，要紧紧围绕一个“说”字，突出“说”课的特点，完成说课的进程。

说课的听课对象不是学生。这些听众或是评委，或是本学科教师，或是教学部门、教育行政部门评价人员。他们具有两重性，一方面他们是专家，他们熟悉教学理论，会对说课者如何处理教材，采用教学方法，突出教学重点，突破教学难点，把握教学环节以及教学语言、语气、表情和称呼等进行评价；另一方面他们又竭力站在学生的角度去对待说课，从学生的角度去审视说课者的一字一句、一举一动。因此，说课者要置身于听众思维与学生思维的交汇处，站在备课与讲课的临界点，变换“说”位，编写“说”案，研究“说”法，找准“说”点。

（四）运用理论，提高层次

理论性、高层次是说课的突出特点。因此说课一定要求助于教学理论，应用好教学理论。运用理论，就是要充分发挥理论的解释现象、解决问题、预测发展、探索规律、判断正误、规范行为、指示方向、改革弊端等功能，使说课不至于停留在就事论事的经验水平上，而是能上升到一定的理论高度，从而给听讲者以最大的教益。实践表明，说课中的教学理论含量越大，理论水平越高，则带来的沟通性和共享性就越强，其说课的价值也就越大。

（五）联系实际，言之有据

说课，不但要做到运用理论，言之成理；更要做到联系实际，言之有据。再高明的理论如果脱离实际或不符合实际，都只能是空洞的无用的东西。为什么一些教学理论难以推广？为什么一些成效显著的教学模式不能转化为教师行为？一个重要原因，就是大多数教师能做到的程度距离这些理论还比较远。当然，还有学生的实际、学校的实际、社会的实际等问题。因此说课内容只有联系实际，以实际为基点、为前提、为依据，才能真正做到言之成理，言之有据。

（六）利用教案，超越教案

说课内容是教案内容的扩展，是以教案为原料进行再加工、再创造的结果。说课内容与教案内容有一部分的重合，如教材分析中的重点、难点，教学过程的主要环节等，但说课绝不是教案的再现或重复，即使重合的部分也不能照搬照说，而须作深入的理性思考和说明。因为二者之间存在以下主要区别：① 教案只呈现当然，说课须讲清楚所以然；② 教案不写理论，说课要说理论；③ 教案只是说明，说课还要议理；④ 教案可平铺直叙，说课须重点突出；⑤ 教案中的教学方法融入教学过程中，说课强调学法，并先于教法；⑥ 教案的实施对象是学生，说课的实施对象是老师；⑦ 教案要用高度概括的语言，尽可能节缩、简洁，说课则须讲究语言的逻辑性、连贯性甚至演讲性。因此，说课是基于教案，但又超越教案的。

（七）追求新意，给人启迪

说课既要通过理性的思辨给人以理论滋养和教益，又要通过创造性的工作使自己的说课内容富有启发性，能给听者带来某种灵感或启示。因此说课要在遵循规律和常规的基础上追求新意，要吸收新信息，把握新动向，开拓新视野，运用新思维，树立新观念，应用新理论，进行新探索，总结新经验，提出新构想，制订新对策。具体来说要做到以下几点：

方法新——不能平铺直叙。

结构新——要有起伏，且高潮迭起。

练习新——激发学生的兴趣，启发学生的智慧。

手法新——用多媒体突出重点，图文并茂。

设计新——围绕导入新课，展开新课，巩固新课到结束新课等几个环节，要环环紧扣，具有新意。

开、结新——从开讲到结尾均有艺术性，要吸引听者，引起共鸣。

（八）灵活多样，注重实效

教师上课没有一个固定的模式，说课也没有一成不变的内容和形式，这既是合理的，也是应该尽力追求的。所以说课不应该被某种定型的框架所束缚，而应在体现说课基本特点的基础上，在说课活动的实践中不断创造新形式，采用多种多样的方法。因为实践才是检验真理的唯一标准，只要符合实际、便于实用、注重实效，就是可取的。

四、体育说课的方法

（一）说什么

说课其实主要说清楚三样东西：一是教什么，二是怎么教，三是为什么这么教。从现有的说课基本模式而言，说课大体由以下几个基本要素构成：说教材、说目标、说课的重点难点、说学情分析、说课前准备、说教学流程，最后该说说预计效果。

要说清楚教什么，就要研究教材，搞清楚这节课要教什么动作？是什么课型？如何体现新课程的理念？这一部分内容在水平阶段处于什么位置？这节课需要把握的重点、难点是什么？

要说清楚怎么教，就要设计好整个教学的流程，设计形式多样的教学方法手段。如何突出重点、突破难点，怎样组织学生学习、讨论、交流，如何巩固新知，怎么拓展引申等。包括器材的运用和信息技术手段如何使用等都要作周密细致的考虑。

在教学方法的设计上，一定要注意恰当地体现一些新的教育思想和教学理念。比如：与生活实践的结合，小组合作探究，变式的运用等，要特别尊重和突出学生的主体地位，展示知识的探索过程，关注学生情感态度，注意学生学法的设计。在设计中切忌仅仅是教法的堆砌和名词的罗列。

（二）怎么说

这是困惑很多老师多年的问题，本书在多年教学实践和指导青年教师的过程中，总结出体育说课的一些方法和技巧供老师参考和探讨：

为了阐述得更具体，下面我以水平二蹲距式跳远的第一课时为例细说如何说课。

拿到课题，首先就是要考虑教学内容在水平阶段所处的地位，然后来制订本课的教学目标，新课程下的体育教学已打破原有的将知识技能、思想教育作为分块目标来陈述的方式，新课标倡导我们将知识、技能、情感三大领域的目标予以整合，有机结合，也就是我们常说的“认知目标、技能目标和情感目标”。

【例一】说教材

在水平一阶段中，我们的学生已经学习了“跑几步，单脚起跳，双脚落入沙坑”的动作。水平二安排了蹲踞式跳远，很好地体现了教学内容设置的延续性和科学性。“跑几步，单脚起跳，用手摸高”动作作为水平二蹲踞式跳远单元教学的第一课时，主要要使学生体会通过水平速度来获得垂直速度的动作，这在整个蹲踞式跳远教学单元的教学过程中起到了很关键的作用。因此，本课的教学内容选用了跑几步，单脚起跳，用手摸高和搬运接力赛的游戏。

说清楚教学内容在小学阶段所处的地位，简洁明了，不要说太多，点到为止。

【例二】说目标

根据某校学生的实际情况，以及水平二阶段的学习目标，初步确定本课的学习目标是：

1. 学生能说出动作名称和简单的动作要领。
2. 初步学会跑 3、5 步后，单脚起跳摸高的动作。
3. 培养学生听从指挥，勇于进取的精神。

特别是技能目标的制订要具体，切忌空、大、不着边际。

【例三】说重点、难点

考虑到教学内容和某校学生的实际，确定本课的教学重点是：跑动中用单脚起跳。教学难点是：快速有力的滚动式踏跳。

重点难点的把握要准确，这对最终教学实施的有效性起着至关重要的作用。

【例四】说学情分析

水平二阶段的学生，兴奋好动，喜欢蹦蹦跳跳。但是对于一些技术动作的学习兴趣却不大。如果在课上仅用讲解法、练习法来组织教学，大多数学生会感到索然无味。因此，在教学中，作者决定准备打破传统的教学手段，主要运用情境法来组织教学。此外，在教学方法上，作者还将运用尝试探究、小组合作、激励评价、游戏法等来组织教学。

细致的学情分析是达成学习目标的有力保障，学情分析细致了，才能充分预设，才能灵动生成。

【例五】说课前准备

接下来说说课前准备：

本课是室外课教学，因此在教学前准备了下列器材和设备：

1. 录音机 1 台（包括音乐磁带）。
2. 生活化器材泡沫球若干个。
3. 跳高架 6 只、垫子 6 个

阐述要简要，课前器材的准备要考虑充分，要根据具体的学生数和明确的教学分组来具体准备。

在说教学流程时要注意，不是把教学过程完整地在评委或者同行们面前叙说，要本着“将课堂还给学生，让课堂焕发生命的活力”“努力营造、营造学生在教学活动中独立自主学习的时间和空间，使他们成为课堂教学中重要的参与者与创造者，落实学生的主体地位，促进学生的自主学习和探究”的理念，在整个教学流程设计上力求充分体现“以学生发展为本”的教育理念，将教学思路拟订为“兴趣导入—自主探究—巩固内化—拓展延伸”，努力构建探索型的课堂教学模式。

【例六】说教学流程

东山素有“花果山”的美誉，作者将结合这一地方特色创设一个果农上山采橘子的情境。通过将上山前的准备—上山—采橘子—搬运橘子下山—庆丰收这样五个情境与本课的技能教学有机结合起来，来达成本课的学习目标。

第一部分：上山前的准备（用 4 分钟左右时间进行教学）。

这一环节，作者主要用情境法、练习法来组织教学。在导入要上山去采橘子的情境后，作者引导学生思考要做些什么准备，然后组织学生在音乐的伴奏下随教师完成自编的韵律操。这样的设计，目的在于充分激发起学生学习的兴趣，使学生产生强烈的参与活动的欲望。

第二部分：上山（用 4 分钟左右的时间进行教学）。

这一环节，作者主要用情景法、队列练习法来组织教学。先用话语提示：山路弯弯曲曲、高低不平，上山时要注意安全。随后，在轻快音乐的伴奏下，组织学生一路纵队蛇形跑、螺旋形跑等。这样的设计，在培养了学生一切行动听指挥和注意安全的意识的同时，也进一步激发了学生的学习兴趣。

下面谈谈对这节课重难点的处理。

第三部分：采橘子。

这是本课的主体教学环节，作者打算用 17 分钟左右的时间来组织教学。

作者先用话语将学生导入情景：“橘子真多啊！看着这些大大的、金黄的橘子，此时你最想干什么呢？”

在与学生交流的基础上，教师引导并组织学生分散开自主采摘位置不是很高的橘子。

在组织学生上台展示交流后，教师设置问题情境，启发学生思考：怎样采更高的橘子。并组织学生以 6~7 人为一小组，小组讨论、尝试。

在组织学生再次展示交流后，教师引导学生自己来说出可以用“跑几步，单脚起跳，用手摸高”的动作来采橘子。并组织学生以小组为单位，合作学练“跑一、三、五步的，单脚起跳，用手摸高”的动作。教师巡回指导。发现并指出学生练习中普遍出现的问题。

针对学生普遍出现的问题，教师进行必要的动作示范，重点提示学生注意滚动式踏跳时要快速有力。并组织学生集体听教师口令进行练习。

最后，在轻快音乐的伴奏下，组织学生以 6~7 人为一组，各个小组进一步练习。教师巡回指导。

第四部分：搬运橘子下山（用 10 分钟左右时间进行教学）

这一部分的教学，既是对上一部分的拓展、延续，又能培养学生的集体荣誉感，作者是这样设计的：

首先，用话语提高学生的热情：“橘子采的真多啊！让我们来把它们运下山吧！”

然后，组织学生进行游戏比赛。先组织学生进行“搬 2 个橘子接力”的比赛。在讲解完比赛方法、规则后，学生听教师的口令开始比赛。接着，由易入难地组织学生进行“搬4个橘子接力”的游戏。学生热情更加高涨，游戏也逐步进入了高潮。这样的设计，既活跃了课堂气氛，又在愉快的氛围中培养了学生的合作意识。最后，游戏结束，教师点评并提出希冀。

第五部分：庆丰收（用5分钟左右时间进行教学）

首先，在轻快音乐的伴奏下，组织学生和教师一起手拉手跳自编舞来庆祝丰收。

最后，组织学生小结，并组织自评和展评。

【例七】预计效果

预计效果主要是对本次课堂教学学生对学习目标的达成度、学生学习后的心理状态等进行预设，可以运用百分比的方式。

（三）“说”课方法的把握

首先，“说”课要 体现“说”字，而不是照说课稿式照本宣“读”。说课稿是静态的，但说课的整个过程是动态生成的，是有听众的，你能否调动他们的情绪和思想在很大程度上决定你说课的成败。在说课中，作者认为要给自己说课赋予一些基本思想，如：围绕教学设计的基本教学理念，思考在你的设计中体现了哪些新课标精神？你的教学整体思路是在什么教育理论的支撑下展开的，也就是教学理论依据；你这样设计的意图是什么？力求达到什么目的？在实施中可能会产生哪些问题，面对各种问题你又是如何去引导、解决的？你觉得关于这节课内容的教材对学习主体来说，是否要进行处理，阐述你处理的理由，通过你的处理学生可能在学习中避免了哪些学习障碍，有什么优点等。以下是说课过程中的三点基本要求。

1. 说课整体要流畅，不要作报告式，如“许多”“123”。几个环节的过渡要自然，比如，教材分析后，要确定目标时，可以如下这样说，“基于对教材的理解和分析，本人将该节课的教学目标定位为……”“下面我侧重谈谈对这节课教学流程……”。

2. 说课要有层次感，不要面面俱到，不要将说课说得很细，我们要说的都是一些教学预案，所以要多谈谈学生学习中可能碰到的困难和教师的教学策略。这里的层次针对某一教学环节来说也是如此。比如，在重难点处理上，你设计哪些问题，如果第一套方案不行，第二套方案有怎样的安排等；在练习中你安排了哪些练习，有没有体现出层次性等。

3. 说课要自信，要富有激情和个性。既然是说课，说的成分很重要。最好能说的神采飞扬，激情澎湃，感染听众。

五、体育说课的技巧

（一）文本的选择技巧

说课者面对的群体有很多，有时是说给专家评委听的，有时是说给同行老师听的，针对不同的听众对象，体育教师选择文本的侧重点就要不尽相同，该讲的讲，不该讲的不讲。在说透如何去帮助学生“获取知识，提高素质，发展智力，培养能力”的前提下，针对不同的听说课对象，对说课内容作适当调整。

（1）说给专家听：重点说清教学目标及确定目标的依据，理论联系实际，对教材的处理要改革创新，要能适应时代的需要，引入新观点、新方法，突出一个“新”字。

（2）说给同行听：重点说清教学程序的设计及依据，联系具体教材及学生状态，说明怎样教，怎样启发、引导学生获取新知识，怎样体现“自主·合作·探究”的学习方式。针对具体的教材内容及学生实际，适当选取一些新教学法，如在归纳快速跑的要领时采用口诀法：推体快前进，关键在扒蹬；前摆折叠紧，腾空借惯性；大压小放松，落地要缓冲；重心应平稳，跑进直线行；摆臂要加快，步频不放松；全身协调好，效果更显明。一节课内不宜采用多种方法，以避免繁而杂，学生无所适从。有一句俗语：“外行看热闹，内行看门道。”向同行说课，必须说清“道”，即说清“怎样教”，突出一个“实”字。

（二）说课语言技巧

说课语言力求清晰流畅，要突出“说”字。既不能按教案一字不差地背下来，也不能按说课稿一字不差地读下来，应尽可能实现脱稿。说课时切忌从始至终一个腔调地念稿或背讲稿，要用足够的音量，使在场的每个人都听得清清楚楚。速度要适当，标准大致为每分钟讲原稿的 120 ~ 150 字，语调的轻重缓急要恰如其分，让听者从你的抑扬顿挫、高低升降中体会出说课内容的变化来。言语中要避免“嗯啊”这类的词出现并减少如吸气一类的无谓动作。具体来说，教学方法和学习方法要用慢速说清楚，教学目的要分条款一一叙述，重、难点则用加重读音的方式来强调。说课的时间不宜太长，也不宜太短，通常可以安排一节课的 1/3 ~ 1/4 的时间来说课。

（三）服装发型技巧

体育教师由于职业需要，一年四季身着运动服装，但是说课不同于上课，可以根据说课的环境，适当改变一下自己的服饰搭配，带给人清新愉悦的感觉。体育教师说课穿着老旧的运动服装，难免给人过于懒散懈怠的印象。轻松的场合不妨穿着稍微花哨一点的休闲服装。如果是正式比赛的场合，一般来说仍以深色职业装为宜。其次，发型也可塑造出各种形象来。长发和光头均蕴含其强烈的形象，而鬓角的长短也被认为是个人喜好的表征。说课时的服装、发型究竟要给观众评委一种干练、沉稳的印象，还是带来自信、活泼的风格，是体育教师不得不考虑的一个因素。

（四）表情与姿态技巧

说课时的脸部表情无论好坏都会带给听众极其深刻的印象。紧张、疲劳、喜悦、焦虑等情绪无不清楚地表露在脸上，如果表情总是缺乏自信，即使说课的内容再精彩，也很容易变得欠缺说服力。控制脸部的方法，首先“不可垂头”。人一旦“垂头”就会予人

"丧气"之感，而且若视线不与听众接触，就难以吸引听众的注意。说课时的姿势也会带给听众某种导向，要让身体放松，并配合适当的手势，有助于观众的理解。过度的紧张不但会表现出笨拙僵硬的姿势，而且对于发音时舌头的动作也会造成不良的影响。放松的诀窍之一是张开双脚与肩同宽，挺稳整个身躯。另一个诀窍是想办法扩散并减轻施加在身体上的紧张情绪。例如将一只手稍微插入口袋中，或者手触桌边、或者手握麦克风等等。切勿双脚原地晃动，还有一定保持自己的上身平稳，不要有太大的摇动。

（五）临场前技巧

（1）熟悉场地。争取熟悉你要说课的环境。提早到达并巡视讲台，练习使用麦克风和其他辅助的视觉设施。

（2）熟悉听众。在听众进入会场时向他们微笑致意。向一群友好的人说课肯定比对一群陌生人演讲来得容易些。

（3）熟悉你的讲稿。如果你不熟悉你的稿子或者对它不满意，你的紧张感就会增强。演练你的说课稿，并且根据实际需要做必要的临时增删。

（六）心理准备技巧

（1）放松自己。做些准备活动放松紧张的神经。

（2）设想你自己说课时的情景。想象你自己在侃侃而谈，且声音洪亮、吐字清晰、充满自信。倘能设想自己成功，你就一定会成功。

（3）要意识到在场的人们希望你成功。听众希望你的讲话兴味盎然、催人向上、旁征博引且风趣幽默。他们不愿看到你把事情搞砸。

（4）把紧张转化为积极的动力。要控制你的紧张情绪并把它转变成活力和热情。

（5）积累经验。经验会带来自信，后者是说课取得成效的关键。因此体育教师要多参加相关的活动，不断锻炼自己，增加阅历。

总之，说课是一门艺术，说课必须有的放矢，必须要有科学性、逻辑性、生动性。通过说课，说者的教学艺术会有所提高，而听者自然也会从中获得启迪，这样的说课方能达到预期效果。

六、体育说课稿模版

说课稿模板

尊敬的各位评委、老师：

1. 大家下午好！我是×××，我本次说课的内容是水平X初一年级篮球原地单手肩上投篮技术的课堂教学，下面我将从指导思想、教材分析、学情分析等几个方面来进行说明。

2. 首先说指导思想

3. 接下来和大家探讨一下教材。首先，本次课的内容是依据体育与健康课程标准水平 X 来选择的

4. 下面我为大家介绍一下本班学生的情况，本班是初一二班，共 40 人。男生×人，女生×人，……

5. 根据我班学生的实际情况并结合教材的特点我确立了如下教学重、难点，重点是：……难点是：……

6. 依据体育与健康课程标准的要求，结合教学内容的特点和学生的实际情况，我将本节课的教学目标定为以下三点：……

7. 为了达成教学目标，在教法上，我主要采用示范讲解法、预防与纠正错误法、比赛法；学法上，我会指导学生采用观察法，模仿法，自主与合作学习等方法来学习技术……

8. 接下来重点说说这节课的流程：首先是导入与热身阶段，预计用时 6 分钟，其次是比较重要的掌握技能阶段预计用时 29 分钟，接下来是常规性的放松整理预计用时 5 分钟。

9. 最后说说本次课的效果和特色

特色：1. ……

2. ……

案例 1

接力跑——下压式传接棒说课稿

尊敬的各位评委、老师：

上午好！我是 8 号选手，我说课的内容是接力跑的下压式传接棒技术，下面我将从指导思想、教材分析、学情分析等九个方面来进行说明。

1. 首先说指导思想：

依据《体育与健康课程理念》，本节课我努力贯彻“以人为本、健康第一”的指导思想，以学生发展为中心，注重改善学生的学习方式和实践体验，以激发学生对接力跑的兴趣，营造良好的学习氛围，充分调动学生的学习积极性，让学生在感受学习接力跑的欢乐之余，得到自我的全面发展。

2. 接下来说本节课的教材：

我这节课的教材是接力跑的下压式传接棒技术，是依据《体育与健康课程标准》水平四来选择的，它是合作跑游戏的主要内容之一，是田径运动的基本技术之一。接力跑不仅可以发展学生的速度、协调能力，还可以培养学生团结合作、相互配合的能力，为进一步学习田径运动奠定基础。

3. 下面为大家介绍一下该班学生的情况：

本班为初一年级（二）班，共 40 人。男女各半。他们已经学习过迎面接力和接力跑的上挑式传接棒技术，对接力跑有了一定了解。

但不少同学体质较弱、运动技术较差，对接力跑的学习兴趣不高，学习过程中需要

老师的鼓励和帮助。

4. 接着说一下本节课教学目标：

依据体育与健康课程标准的要求，结合教学内容的特点和学生的实际情况，我将本节课的教学目标定为以下三点，其中最主要的就是目标一：通过本节课的学习，使 85%以上的学生掌握下压式传接棒技术，并且能够在比赛游戏中运用。同时发展学生的速度、协调等运动能力，增强他们团结合作的意识。

根据我班学生的实际情况并结合教材的特点，我将本节课的重点定为：下压式传接棒技术的手型。难点定为：下压式传接棒的时机。

在本节课开始前我会先让学生了解本节课的重点和难点，让学生在学习中加强对重点和难点的练习。

接下来重点说说本节课我采用的教学方法。为了激发学生对接力跑的学习兴趣，使本节课达到良好的效果，我主要采用如下教学方法：

首先是教法，我采用的教法主要有启发式教学法、讲解示范法、纠正错误法、比赛法。相应的是学法，在我的引导下学生采用尝试法、合作探究、观察模仿法等方法进行学练。具体地说，根据我班学生情况，我先采用启发式教学法以激起学生学习接力跑的兴趣，启发学生积极思考下压式传接棒时需要注意的问题例如如何又快又稳，并让他们积极尝试进行模仿练习。然后，通过我的正确示范和简要讲解，让学生通过看、听、想形成完整的动作概念和动作结构，然后组织学生通过进行模仿练习、合作练习等体会动作要领，重点学会下压式传接棒技术的动作手法，当然，教学进行到这个时候，学生往往会出现各种错误动作，比如传接棒时同手同肩等等，我会通过对个别或集体纠错的方法帮助学生改正动作。最后通过一个接力跑比赛游戏的方法让学生乐学、爱学，学以致用，达到巩固和拓展提高的目标。基于以上各方面的分析，下面我将着重讲解一下本节课的教学流程。

根据人体生理机能变化的规律，为了更好达成本节课的目标，我将本节课分为身心动员、学习体验、身心放松三个阶段。

（一）身心动员阶段

首先是执行课堂常规，体委集合、整队、检查人数，老师宣布本节课的教学内容、目标及要求，安排见习生等，组织队形呈四列横队站立。接下来是动员性活动，共有两个内容，首先是喊数抱团游戏，方法如下所述（请听课者看屏幕），此时安排这个游戏有两个目的，一是带领学生热身并活跃课堂气氛，二是锻炼提高学生的反应速度，为接下来的学习做好准备。接着按原来队形做行进间徒手操的练习：肩部运动、扩胸运动等共 5 节，每节做四个八拍，以充分活动身体各个关节和韧带。

（二）身心动员之后进入学习体验阶段：该阶段是本节课的重点教学阶段，分为三个环节：探究体验环节，大约用时 5 分钟；学习发展环节，大约用时 14 分钟；合作发挥环节，大约用时 8 分钟。

第一个环节为探究与体验环节。我先找学生一起配合做完整的示范下压式传接棒动作，然后提出思考问题：“通过刚才观察老师的示范，同学们觉得采用下压式传接棒时需要注意什么问题？如何做到又快又稳？”让学生自己探究，边尝试模仿边思考，自己探究出答案，并在我的引导下总结出动作要点。在了解了下压式传接棒的动作概念和动作结构后进入第二个环节——学习发展环节。这部分的学习分以下几个步骤去完成，第一步为原地空手下压式传接棒练习：全班学生分四列横队站立，前后两人为一组，根据我的口令节奏摆臂，并听口令完成原地空手下压式传接棒练习。大概练习5~6次，目的是规范学生的接棒手型。

第二步为原地下压式传接棒练习：在了解正确传接棒手型的基础上进行原地传接棒练习。以两人为一组交替练习，每人大概练习5~6次，这个过程要求学生认真体会动作要点，规范传接棒手型和站位，反复模仿练习，目的是使学生的理性认识逐渐转化为准确动作，避免错误动作的形成。

第三步为进行走动中下压式传接棒的练习和跑动中传接棒练习：组织前后两组反方向进行练习，避免碰撞。组织如图所示（向听课者展示图片）。目的是让学生克服接棒的紧张情绪，逐渐稳定下压式传接棒技术，达到准确无误。

第四步为让学生尝试在接力区内跑动中完成交接棒方法，如图所示（向听课者展示相应图片）：（每个学生可根据自身情况选择适当的速度进行练习），该练习主要是让学生感受传接棒的时机，能够逐渐学会利用接力区的长度保持速度。这个练习具有一定的难度，我会针对个别体质较弱，运动技能较差的同学进行单独辅导和鼓励，增强他们的自信心，激发他们的学习兴趣。在整个教学过程中我会巡回指导，及时纠错。同时也要求学生在练习过程中相互指导纠错，培养学生的观察力和团结合作的能力。

第三个环节是合作发挥环节，也是检验学习成果的环节，即组织进行接力比赛。方法是把学生分成十组，每组四人，进行200米接力，也就是4×50米。女生五组和男生五组，两边同时进行。此时安排这个游戏，虽然方法简单，但给了学生一定的空间和时间让学生展示一下自己的练习成果，学以致用，充分体现学生主动参与和自主学习的要义，提高学生的学习兴趣；同时，可巩固学生下压式接力跑的技术，培养学生的合作能力。

学习结束后，进入身心放松阶段，该阶段有三个内容：首先我带领学生一起进行放松运动，消除肌肉的疲劳，使身心得到恢复，让学生在愉快的氛围中结束本节课。然后我对本节课进行小结，让学生参与自我评价、小组评价和综合评价，由我进行最终点评。最后布置课后练习，安排学生回收器材，宣布下课。

根据本堂课的活动内容，本次课所需场地器材和教学效果预计如下：

田径场一个、接力棒20根。预计本节课教学目标基本达成，学生在我的指导下认真参与各个练习，课堂气氛活跃。练习密度约为整堂课的38%，平均心率为115次/分钟。

最后介绍一下本节课的教学特色：

一是在教学方法上，突出了学生的主体地位，通过“激趣、自主探究、合作学练、比赛”这条递进的途径，培养学生“自主、合作、探究”的学习能力；二是在练习内容安排上，贴近不同学生的实际情况，让每个学生在学习中能够拥有“我参与、我运动、我快乐，我成功”的愉悦感受。

本次我的说课到此结束，希望各位评委老师多提宝贵意见，谢谢！

1. 说课：吴雨凡田径—短跑步频与步幅

2. 说课：乒乓球反手发右侧上（下）旋球

第三节　体育模拟上课的训练

一、什么是体育模拟课

所谓模拟上课，就是虚拟的上课，指教师在没有学生的情况下，把教学过程用自己的语言描述出来的一种上课形式。它是一种将个人备课、上课实践与教学研究紧密结合在一起的教研活动，它整合了传统的说课和现场讲课的优点，对教师提出了更高的要求。拿相声来打比方，如果“真实上课”是群口相声，那么“模拟上课”就是单口相声，要求教师既要演好自己的角色，还要演好不同学生的角色。

二、体育模拟上课的方法

在当前的一些体育教学基本功竞赛、课堂教学研讨、教师招聘等活动中，对于体育模拟上课的形式一般分为两个版本，主要是从时间上来划分的。一个是 15 分钟的上课，另外一个是 10 分钟的上课。体育模拟上课是分为开场白、开始部分、基本部分技能教学、课课练、结束放松五部分来完成的。

1. 开场白实际上是个人自我信息的简要介绍，如果是教师招聘或者“说”基本功竞赛，只要将自己的签号及选中的题目介绍一下就可以了。如果是在教研活动中，要将自己所在单位、姓名、年龄以及本节课的主题和自己的研究特长等信息提供给大家，以便大家在活动中把握听评课的视角。

2. 关于开始部分的处理，如果是 10 分钟的模拟上课，在进行简短的课堂常规后，对一般性准备活动及专项性准备活动，用一句“好，刚才教师与大家一起进行了准备部分的练习……”概括一下，然后创设一个情境或利用过渡性的语言导入课堂的正题。对于 15 分钟的模拟上课，则要在常规内容后，创设情境与语言导入，从一般准备活动到专项准备活动，都要清晰地呈现出来，关键要体现与主教材间的关联。

3. 在基本部分技能教学、课课练的教学过程中，教师要科学设计练习内容，并突出技能教学的重点，同时要清晰地呈现对教学难点的突破。教师在课堂教学过程中，要通过自己的动作，将场地布置、器材的使用清晰地展示出来。利用对小组、个别学生的指导以及在学生练习评价中提出问题，然后通过练习来对问题加以解决，突破教学的难点。通过简短明了的语言，使学生对动作的要领及技术原理形成印象，通过教师规范优美的示范，使学生对需要掌握的动作形成感知并逐步掌握技术动作。

4. 课课练是增强学生体能的一种有效手段，展示时要关注与主教材的搭配及目的性。同时在进行课课练时，教师通常用边讲解边示范的形式，介绍素质练习的方法，没有必要仔细地去解说与示范。

5. 结束放松部分要在15分钟的组织形式中展示，教师在教学设计时，要精心准备好情境导入。对于练习内容要注意实效性，同时对整个课的终结性评价要用简洁的语言加以说明，并对课后的作业布置进行简要安排。

三、体育模拟上课的要求：

1. 讲解要力求完整，语言表达要清晰、流畅。教师在真实课堂教学中不是对所有的语言都进行说明，应有所侧重，有所选择。

2. 示范要正确、规范、到位；示范时应紧密结合学生、教学场景布置等因素，正确选择教学示范面和示范站位，做到学、练的有机结合。

3. 学法指导是教学的关键，是传授技术动作的重要环节。紧密结合教材，做到重点突出，真实有效地体现出具有突破难点的有效手段和措施是学法指导的具体体现。

4. 学习步骤的表述力求简化，将真实课堂教学中学生活动的学习时间进行浓缩、精简。做到学习步骤清晰，恰到好处。模拟上课的演示过程中，部分教师既演师，又演生，“双管齐下”，用语言引导学练，用动作展示风采，用模拟对白营造教学情境。让听课者明白教学步骤，做到精讲精练。

5. 纠正错误是体育学科技术教学中的重要环节，模拟上课中纠错方法要完整、要有针对性。在很多模拟上课中，正误对比、纠错评价等细节，被许多老师在不同程度上忽略了，他们认为这些环节没有意义，其实不然，模拟上课是真实课堂教学的浓缩，所比较理想化，但纠错、评价、对比是体育课堂教学中必不可少的一个环节，它是学生形成动作概念，掌握运动技能的有效手段。所以模拟上课同样不容忽视这一环节的存在。

6. 围绕技巧、体操等教材的教学，保护与帮助的方法和技巧要完整地呈现及表述，并做到示范规范、正确。在本次模拟上课中，在技巧与体操类教学方面，部分教师均以以讲代练的方式呈现课堂，这样似乎给听课者有了遐想的空间，但却不能体现教师真实的教学技能和教学基本功。尤其在评比活动中，应思考如此处理是否妥当。

7. 组织队形的调动，练习游戏的站位等，应讲究科学、合理，可结合讲课场景做到简单明了，却不失真实性。模拟上课是没有学生配合的教学，因此队形的调动就成了“皇上的新衣”。如何让听课者感受教师组织队形的调动与变化，除教师的讲解、跑动、手势等形式外，建议借助媒体的配合展示，让听课者更直接地感受课堂的场景和组织变化。否则，模拟者忙得不亦乐乎，听课者听得晕头转向。

8. 评价语言要及时、有效，要在模拟上课中有所体现，并适时、合理地进行表述。

9. 教师教态自然，我们提倡要有个性，仪表端庄，态度和蔼、谦逊，与学生（虚拟）能融为一体。

四、体育模拟上课注意事项

1. 语言表达清晰，准确利用术语

语言是教师在进行教学时最基本的技能之一。在模拟上课时，教师的语言表达是最关键的，要花费很多的时间对自己的语言表达进行设计，使教学的过程通过自己的语言完整表达出来，给观者听者创造轻松的氛围，使他们能集中注意力听下去。虽然模拟上课不能完全反映出执教者驾驭课堂教学的技巧，但合理的教学设计更能显示出执教者的教学理念和业务技能。在设计好教学内容后，熟悉关键环节是非常重要的，并且要强化记忆，使优秀的教学设计通过自己的语言表达和描述锦上添花。在进行模拟教学时，要尽量避免在讲解时卡壳或出现长时间的空白，给别人留下准备不足的印象。在进行模拟上课时很多教师因为紧张导致语言表达不清晰，语言逻辑混乱，使评委（或听课教师）没有兴趣听应聘教师所讲解的教学设计。体育教师在对教学设计进行讲解时，要有自然的教态，站立要端庄，语言表达要清晰，富有亲和力的语言定会显示出其应有的光彩。体育课作为一个专业性很强的学科，在进行模拟上课时，教师要有意识地把所进行的教学内容或动作用体育术语表达出来，这样至少能展示出体育教师的基本素质。在模拟上课中，有部分教师对体育术语掌握不准确，把体育术语用方言表达出来，如把肘关节称之为“胳臂（ba）肘”，把前平举称之为“平举”，把髋关节称之为“大腿根”等。这样的动作称呼让评委感觉很刺耳，对个人的教学效果大打折扣，严重影响在评委心中留下的印象。

2. 把握体育课的主要环节，注重示范的准确性

体育课基本的教学设计主要分为三个部分：准备部分，基本部分和结束部分。在这三个部分中，都需要教师对其进行详细的设计，宜采用情境教学设计，精心设计导语和过渡语言，做到重难点突出，处理得当，教学设计真实有效，步骤清晰，吸引评委的兴趣。在进行模拟上课进行设计时，要充分考虑到模拟上课和有学生上课的根本区别，那就是模拟上课有很多的口语表达是可以省略的，这样就避免了教师在模拟上课时语言的啰唆。如在关于跑的课堂进行有生上课时，教师采用分组教学，会根据分组情况进行“预备，跑”的多次口令下达练习，而如果在模拟上课时，如果也采用此口令进行练习

会让人感觉教师的口令枯燥无味，所以对于此类教学，教师可以下达口令一次（主要是展示自己的口令下达情况），然后用一句话直接带过。教师在进行教学重难点教学时，要多在重难点教学上进行重点把握，进行精心设计，详细规划，对讲解法、示范法和游戏法等教法做到胸有成竹。模拟上课时教师的讲解和示范是最为关键的。讲解能展示体育教师的思维和语言表达能力以及对教学重难点的理解分析能力，示范是展示体育教师基本素质最重要的形式，最能反应体育教师的体育教学基本功。在进行模拟上课时要做到示范正确（特别是示范的方向性），一招一式做到形神兼备，确保示范一次便可成功。在平时的模拟教学中，有不少教师往往在示范上出现低级失误，这是非常令人惋惜的，失败的原因主要是对自己的示范不自信，或对动作掌握不熟练，也有可能是太紧张造成的。模拟上课和有生上课一个很大的区别是，在进行模拟上课时出现示范失败是基本功不扎实的表现，而在有生上课时出现失败，有经验的教师能用语言搪塞过去，所以模拟上课时出现示范失败，是很难自圆其说的，也无法进行弥补。在讲解时，则要求体育教师语言清晰，对动作方法介绍准确，富有层次感，能抓住动作方法的重点、难点并进行详细介绍。

3. 调动激情

首先让自己兴奋起来。体育课是富有激情的课堂，在模拟上课时，体育教师既是“导演”，又是“演员”，不仅在上课时要把自己的设计思路完整地表现出来，还要投入到虚拟的真实教学中，调动自己的激情，以自己的专业技能和富有感染力的语言打动自己，带动听众，做到此处“无生”胜“有生”。

4. 根据自己的特长进行教学设计

无论是抽签选课题，还是自主选课题，都要在进行教学设计时，对自己的特长进行“转移”设计，毕竟只有自己最拿手的特长才能让自己充满自信，做到游刃有余。比如教师擅长舞蹈，要求设计的课题是田径类的，教师可以在准备部分设计以舞蹈为主的准备活动，或在结束部分利用舞蹈放松，这样就使自己的专业特点和个人职业素养在模拟上课时得到展示；如教师擅长跑，选的课题是跳，教师在教学设计中则要在基本部分的后半部分设计跑类的游戏或跑跳结合的游戏，充分发挥自己的专业技能。

5. 关注教学评价和总结

模拟上课和有生上课其实没有太多明显的区别，在进行模拟上课时，执教教师对模拟上课的评价和总结是非常重要的。要求执教教师做到评价及时，富有启发性和真实性，能评价出学生在真实学习中出现的种种问题和情况，及时给予教学评价；而在总结时，执教教师可按照说课的形式，对教学内容和教学效果分别进行总结，自己教学设计的理念和处理重难点的方法也可穿插在总结里。评价和总结做到言简，层次分明，切忌泛泛而谈，不着边际，用语言进行堆积。

6. 让模拟课堂留有更多想象的空间

模拟上课，需要教师在教学中出现自问自答的地方，特别在对重难点进行教学时，执教教师进行自问自答的设计，巧妙的设计能展现执教教师高超的业务技能和熟练驾驭课堂教学的能力，通过巧妙地把教学中的预设和教学中的生成有机联合在一起，来营造真实的课堂氛围，注重对课堂教学进行总结、评价，让人产生无限想象的空间，从而获得意想不到的教学效果。以障碍跑教学为例，通过情境设计，预设学生在教学中的学习出现的种种问题，通过教师的观察、讲解、纠正，使学生在学习中遵循正确的练习方法，游戏运用时教师的肢体语言，富有感染力的情感态度，都能够感染自己和旁观者；再通过教师语言的点拨、提示，让学生在练习中注意和掌握越过障碍的方法、技巧，培养学生的团结合作和竞争意识，最终把“无生”的体育课堂完成得栩栩如生，令人回味无穷。

案例

1. 模拟上课：黎洁篮球运动急停急起

2. 模拟上课：苏大王骈立定跳远模拟上课

3. 模拟上课：吴雨凡田径——短跑步频与步幅

4. 模拟上课：乒乓球反手发右侧上（下）旋球

5. 说课和模拟上课：田径——接力跑传接棒技术

6. 说课和模拟上课：田径——双手头上前掷实心球 1

7. 说课和模拟上课：田径——双手头上前掷实心球 2

案例 1

立定跳远模拟上课的教案

各位评委大家好：

今天我模拟上课的内容是九年义务教育小学体育教材中的内容——立定跳远。

【模拟上课开始】

同学们好，今天我们一起来学习立定跳远，希望同学们在学习的过程中表现出良好的学习状态跟合作精神。同学们有没有信心成为本节课的“明星”啊，让我们一起加油吧！下面我们首先来一个“正反手”的小游戏，同学们刚才反应地非常迅速，说明我们同学的注意力非常集中。下面我们一起来做徒手操，呈体操队形散开，手腕脚腕活动，扩胸、摇环、振臂、腹背运动，每节四个八拍，刚才同学的动作做得非常的到位。同学们的各个关节都活动开了吧。

同学们看见老师在操场上给同学们摆的垫子了吧，有高的，矮的，同学们根据自己的能力，选择合适的垫子来跳跃，但是在跳的时候，为什么有的同学能跳得高呢？同学们在练习中思考一下，好，练习开始（期间老师巡回指导，直至练习结束）。哪个同学能说一下刚才老师提出的问题，刚才这位同学说到“快速有力的起跳”，他说的非常好，这也是我们立定跳远的难点问题，同学们也都希望跟老师把这个动作学好。好，下面我们一起来看一张立定跳远的挂图，同学们在看的时候，看一下分为几个环节，思考一下，好，挂图看完，谁能说一下刚才老师提出的问题，刚才这位同学说“摆臂，蹬地，腾空、落地四个环节”。他说得非常好，现在同学们自己练习一下立定跳远这个动作（期间老师进行巡回指导），通过老师的观察，我发现摆臂跟蹬地不够积极，下面跟老师一起来练习一下，一摆臂，二下蹲，三蹬地、腾空、落地，好，跟老师再来一遍，同学做得非常的好，下面同学们自己再练习一会，直至练习结束，通过刚才老师的观察，有的同学跳得挺远的，下面分开组比赛一下，找出你们组最能跳的一个同学参与组间比赛。好，各组现在组内比赛一下，找出最能跳的同学，通过各组最能跳的同学进行比赛，第三组同学获胜，我们一起祝贺他们。

下面我们一起来做个跨越障碍的游戏，进行组间比赛，比赛的时候第一要注意安全，第二必须要拍手才能跑。好，比赛开始，通过刚才比赛，第一组获胜。其他组继续努力。

同学们跟老师一块来放松一下，跟随音乐做一下动作，通过这节课，同学们基本掌握了立定跳远的动作要领，课下同学们自己也要多多练习，这节课到这里结束，同学们再见。

案例 2

立定跳远模拟课堂

尊敬的各位评委老师，大家上午好：

本次我上课的课题是针对小学一年级的跳跃单元的第 4 课时——立定跳远。上课人数 40 人。男女各半，下面开始上课。

【模拟上课内容】

一、集合

（鸣哨）小朋友们到老师这里来集合。

二、复习上节课内容

同学们，刚才我们进行了有趣的准备活动操，相信每名同学都已经充分活动了身体的各个关节，下面我们来复习一下上节课学习的内容（语气要亲和）。在上节课中，我们模仿小白兔进行双脚连续跳，先让老师看看大家的学习成果，跟老师一起来，“小白兔，白又白，两只耳朵竖起来，爱吃萝卜和青菜，蹦蹦跳跳真可爱”（语气欢快）。

三、情境导入

今天我们要来模仿另一种小动物，大家先猜猜它是谁？“一位游泳家，说话呱呱呱，小时有尾没有脚，大时有脚没尾巴”（顿一下）。同学们真聪明，对，就是小青蛙。今天我们就来模仿小青蛙。大家先把课前老师下发的小青蛙的头饰戴起来。

四、模仿小青蛙

小青蛙最擅长跳跃了，我们来模仿一下，首先请大家先模仿小青蛙，自己练习，让老师来看看谁模仿得最像。嗯！这只小青蛙跳的不错，能跳这么远；这只小青蛙也不错，手臂摆动得很有力。

五、教师完整动作示范

（鸣哨）（哨音应规范）大家过来集合。

刚才老师看了同学们的小青蛙跳，感觉不错，大家想不想看看老师跳一次？如果你觉得老师跳得好，请把你最热烈的掌声送给我。（示范完整动作）谢谢同学们的掌声，大家想像老师一样跳得高，落得稳吗？那就跟老师一起来看这里的挂图。首先跟老师一起大声的诵读动作要领口诀，“一摆二蹲三跳起，快速蹬地展身体；收腹提膝伸小腿，后跟着地向前起”。

六、教师语言激励

今天老师发现很多小朋友诵读口诀时声音洪亮，站姿标准。在本节课中，老师要与表现最好的同学进行击掌和拥抱，以示鼓励，让老师看看谁最棒。

七、原地纵跳练习

下面，请大家首先跟老师做一个练习，两脚自然左右开立，与肩同宽，听到“1”时手臂伸直上举；听到“2”时手臂后摆，两腿弯曲；听到哨音时，手臂充分向上摆，两腿同时用力蹬地，看看谁跳的最高，记住在跳起时将我们的身体尽量舒展。先跟老师做 2 次（进行 2 次练习）。每人练习 6 次，开始（语气坚决，口令式）。

这个同学做得不错，手臂能伸直迅速摆动，带动身体跃起，很好；这个同学请你注意一下，两脚要同时蹬地向上跳，一只脚的力量肯定不如两只脚的力量足。

八、向前上方跳练习

刚才的练习大家完成得非常好，下面老师要大家把手臂向额头前上方摆，尽力向前上方跳，注意落地时要做到屈膝缓冲，身体蹲下去，减缓落地时地面对身体的冲击。先跟老师做2次练习(进行2次练习)。同样，每人练习6次，开始(语气坚决，口令式)。这个同学你的动作非常漂亮，是不是发现自己跳的更远啦；这个同学请你注意落地时的屈膝缓冲，要不跳多了膝盖容易受伤；这个同学，请你注意手臂摆动的方向是额头前上方，通过手臂摆动和两脚同时蹬地，将身体在空中舒展开，以便于能跳得更远。

九、跟老师集体练习

（鸣哨）请大家跟老师一起练习。注意与前后左右同学的间隔距离稍微大一点，以免在跳的过程中碰到小伙伴（语气重，命令）。第一，两脚自然的左右开立，与肩同宽，手臂伸直上举；第二，手臂后摆，两腿弯曲；第三，听到哨音时，手臂充分向上摆，两腿同时用力蹬地（语速慢，强调）（利用“口令+哨音”组织集体练习2次）。

十、以2人一组互相纠错

下面请大家各自找个小伙伴，2 人一组，一个做另一个观察，如果有错误请及时指出并帮助他纠正。下面开始练习。这位同学，你的动作对比刚才练习时有了明显进步，来跟老师击个掌，真棒；这位同学，你不仅自己跳得好，还能很好地指导小伙伴，使其进步，很棒，跟老师拥抱一下。

分层练习

十一、升级竞赛

（吹哨）相信经过刚才的练习，我们的小青蛙们已经学会这项本领了吧。下面，就让我们来实际体验一下。在我们面前出现了一条小沟，小青蛙们想跳过去吗？不过，河对岸是一条不规则的岸堤，是一条斜线，老师已经竖着将其划分为了三个区域，分别是一星区、二星区和三星区，请大家根据自己的能力，选择适合自己的地方过河，不过注意了，千万不能掉沟里噢！在跳跃时，如果你连续 2 次都能在自己选择的区域成功完成，你就可以尝试到稍宽点的区域练习。好，下面请大家先选择适合的地点，然后就可以练习了！

十二、教师评价、提问并扮演青蛙天敌

看了大家的练习，老师欣喜地发现小青蛙们各个都很棒，而且有不少小青蛙已经成功升级到了三星区，值得表扬，来，举起你们的手，跟老师击掌。现在老师有个问题要问问大家，有谁知道小青蛙的天敌是什么？对，有蛇、老鹰等等，下面老师就扮演小青蛙的天敌，现在我最想吃的就是那些跳得不远的小青蛙，我来看看谁的跳跃能力最好，能够有效的逃避天敌的追捕。大蟒蛇来啦……（煽情）

十三、“猜拳跳”游戏

经过了前面的学习，小青蛙们对于本领的掌握和运用已经很自如了，下面我们来做个游戏，请你找一个小伙伴，跟他一起站在这条线后，与小伙伴进行用手的“包剪锤”，一次“包剪锤”后，获胜的同学先跳，输的同学后跳，看谁先跳到对岸。刚才的练习大家做得很棒，请大家跟老师来比一比，用脚进行“包剪锤”，获胜的同学可以向前跳一次，比一比谁先到达对岸。开始……（略）小朋友们，你们表现得非常棒，来，跟老师抱一抱。

十四、结束

今天我的模拟课就上到这里，谢谢！

第三章　体育师范生上课技能训练

第一节　导入技能

一、导入技能概述

（一）导入技能的概念

导入技能是指教师在新的教学活动开始前，运用简练的语言引起学生的注意、激发学生的学习兴趣、唤起学生学习动机，使学生明确学习目的，建立知识间的联系，快速进入学习状态的一类教学行为方式。

课的导入即新的教学活动开始之前的导言，俗称“开场白”。课的导言是一堂教学课的开端，是教师谱写一首优美教学乐章的前奏，是师生间情感共鸣的第一音符，是师生沟通的第一座桥梁。课的导入是教学艺术的重要组成部分，是教师的学识、智慧、口才、情感等的综合体现，对于整个教学有着重要的作用。精心设计和精彩纷呈的导入语言可以像磁石一样深深地吸引学生的注意力；像钥匙悄悄地开启学生的心房；像雨露点滴滋润着学生的心田。好的导入可为课堂教学的成功奠定良好的基础。

一名合格的教师必须在教学课中重视导入，研究导语，做到常教常新，在教学中使导入技能不断提高。导入既是科学又是艺术，凡是想把课教好的教师，都必须认真学习和研究导入技能。

（二）导入技能的功能

心理学家指出：“保持和复现在很大程度上依赖于有关心理活动第一次出现时注意和兴趣的强度。”课的开始能否吸引和抓住学生的注意力，激发起学生的学习兴趣，是一堂体育课成功与否的重要一环。精心设计的导入，能扣住学生的心弦、立疑激趣、渗透主题、进入情景，使学生进入精神振奋的学习状态，产生直接的学习动机，有助于学生获得良好的学习效果。导入的主要功能有以下几点：

1. 引起注意

正确的导入可使学生的注意力集中到将要学习的教学内容上来。每一位体育教师都熟悉田径比赛中短距离跑发令员的指令“各就各位—预备—跑!”这简短的七个字，可使运动员的注意力高度集中到将要进行的活动中去。体育课开始前，学生的心理状态、兴奋程度、情绪高低等经常处于一种不稳定的状态，如刚结束一门其他学科的测验或考试后就来上体育课，学生往往表现为大脑兴奋度过高，短时不易抑制；而学生在上下午第一节体育课时，往往又表现出大脑兴奋过低，加上室外体育教学容易受外界干扰这一特点，体育课堂教学开始时，学生的注意力往往不易集中。教育心理学研究表明：一旦学生从学习开始就没有集中注意力，那么在教学过程中去集中他们的注意力就是非常困难的事。体育教师如果能够结合学生的实际情况、教学内容的特点，选用适宜的导入方法就能够引起学生对所学教学内容的关注，抓住学生的注意力并使它集中到将要进行的学习活动中去。

2. 激发兴趣

激发学生的学习兴趣和积极参与的欲望是导入的又一功能。唤起学习兴趣是使学生积极学习的重要条件。学习的积极性，首先来源于兴趣，兴趣是入门的老师。两千多年前孔子就说过："知之者，不如好之者；好之者，不如乐之者。"爱因斯坦说："对一切来说，只有热爱才是最好的老师。"在体育课堂教学中，教师认真地选择和运用导入的手段和方法，就能够巧妙、自然地激发起学生对所学教学内容的兴趣。兴趣是学生参加体育活动的直接动机，也是直接推动学生主动参与练习的内在动力。浓厚的学习兴趣必将引起学生强烈的求知欲望，产生坚韧不拔的毅力，克服在练习中由于气候、教学环境、身体等带来的困难和不适反应，使他们心情愉快、情绪饱满、精神振奋地投入到教学活动中去。

3. 启发思维

启发学生积极思维，增强学生学习的主动性和积极性是成功教学的基本保证。启发教学是教学过程本身的需要，也是开发学生智力的最基本的方法。体育教师在教学中树立学生是学习活动的主体的教学思想，有利于活跃而不是束缚学生的积极思维。在体育课的导入过程中，教师用生动、形象的语言向学生陈述富有启发性的问题，或通过演示、示范来展示问题，并要求同学们通过本次课的学习来找到解决问题的正确方法，这样就能吸引学生的注意力，启发学生的积极思维，增强学生学习的主动性和积极性，达到发展学生思维和提高解决问题的能力的目的。

4. 明确目标

在体育课堂教学中，要善于利用导入的方法将学生的注意力吸引到一个特定的教学任务和学习程序上来。教师通过导入说明，使学生明确本次课将要学习什么内容，要求达到什么目标，基本的教学程序以及该教学内容对身体素质、机体能力的影响和作用，使学生对为什么学、怎样学以及努力的方向有一个清晰的学习心理定势，以便于学生全神贯注地、积极地去接受新知识，圆满完成学习任务。

二、导入技能的构成要素及类型

课的导入是需要下工夫精心设计、认真组织的。运用任何一种导入方法都应从课堂教学目标出发。因此，在设计一堂课的导言前，要认真深入地钻研教学内容，明确教学目标，熟悉和分析教学对象的基本情况。除此之外，设计者必须了解导入的合理结构及构成要素，并以此为依据来进行导入的设计。

（一）导入技能的构成要素

典型的导入结构一般是由下列要素和流程构成：引起注意→激发兴趣→明确目标→进入课题。

1. 引起注意

导入的设计首先要考虑的是如何把学生的注意力吸引到课堂教学中来，使一切与教学活动无关的，甚至是阻碍教学的心理活动得以抑制。

注意分有意注意和无意注意两种。有意注意经常是由无意注意引起的。掌握注意的这一基本规律对导入的设计者来说非常重要。引起无意注意的重要原因是客观刺激物的特点。刺激物的强度、变化、新异性都易引起人们的无意注意。掌握了导入技能的教师，善于通过不同的导入设计来引起学生的无意注意，并将学生的注意力引向对教学活动的有意注意。

在体育教学中，通过导入引起学生的无意注意的方法有生动的语言、抑扬顿挫的语调、富有表情的体态语、醒目的标题、精致的挂图、感人的故事、离奇的趣闻、巧妙的提问、有趣的悬念、不俗的幽默等。教师通过上述手段能很好地引起学生的无意注意。随着教师导入的进一步深入，就可引起学生的有意注意发生并持久地保持下去，从而达到通过导入引起学生对教学活动的注意的目的。

2. 激发兴趣

“兴趣是最好的老师。”兴趣是学习活动中最现实、最活跃的因素。有了兴趣学生才能把心理活动指向或集中于学习的对象上。学生只有对所学的知识感兴趣，才能在学习中形成“愤”“悱”状态，才能一心专注、乐此不疲。成功的导入，能引起学生情感上的共鸣，产生直接的学习动机，使学生的眼、耳、口、脑及运动器官都立即进入积极的学习状态。这样就达到了成功导入的最高境界，预示着这节课已经成功了一半。

3. 明确目标

明确学习目标是调动学生学习的主动性，引起学生正确、积极的学习心理定势的主要途径。它能使学生在课程开始就明确本次课的学习内容和课程结束时应该达到的包括认知、情感和动作技能在内的学习目标，从而引导学生定向思维，有目的、有意识地开展学习活动。明确的学习目标还应包括为什么学、学了有什么用。通过教师的导入让学生感到学习能解释现实生活中的问题，能够发展和提高自己的身体素质和健康水平，能指导终身体育锻炼，能对今后的学习和工作有所帮助，让学生明白学了有用，而不是理论来理论去空对空，也不是就学习动作技能而学习动作技能，从而提高学生对学习内容深层次的理解和认识，使学生从心理上真正产生求知欲望，兴趣盎然地去进行学习。

4. 进入课题

导入的设计要充分了解并利用学生原有的知识和能力，要以其所知，喻其不知。正如赞科夫指出的那样：“所谓参与就是不把现成的结论直接传授给学生，而是让他们在参与知识形成的过程中理解知识，亲自尝试思维的飞跃。”让学生在积极参与、努力探索中有所进步。无论采用什么导入方式，都应能有效地使学生的情感迅速地转入教学目标所需的境地，注意力集中在课堂所要解决的理论知识和动作技能的重点和难点上，保证在整个教学过程中师生双方的积极性始终集中在一条线上，不致“节外生枝”，出现导入与课题相脱节的错误倾向。好的导入应在设计时始终以本次课的内容和教学目标为依据，紧紧抓住教材的特点，联系学生的智力水平、知识储备等具体情况来进行。这样，导入的启发性、趣味性、针对性、关联性和目的性才能够得到充分的体现。

（二）导入技能的类型

体育课的内容是多种多样的，一般来说大致分为理论和实践两部分。实践部分又包括游戏、田径、体操、球类、武术、水上项目、野外项目等许多种类，而每一类又包括许多不同的教学内容。由于体育课堂教学的内容较多，经常更换，因此没有、也不可能存在固定不变的导入方法和模式。体育教师应根据学生的年龄、精神面貌、心理特点等，结合教学内容经常思索、认真选择导入的方法，精心设计每一堂课的导言，组织好课堂教学的开端。体育课堂教学导入的方法很多，在教学实践中许多体育教师在这方面积累了不少宝贵的实践经验，创造设计出许多简明生动、条理分明、思路清晰、富有实效的体育课导入的好方法、好形式。下面对一些导入的类型和方法用举例的方式加以说明。

1. 利用情境导入新课

经验丰富的体育教师，在教学中善于捕捉、利用课堂中出现的特殊情境因势利导地组织教学。例如，有位体育教师在给低年级学生上课，本次课的内容是学习广播体操，在课即将开始时，天空中出现了一队排成“人”字形的大雁，“人字！人字！……”学生们仰面朝天，忘情地指手画脚，赞叹着大雁飞翔时的整齐队形。雁群吸引了学生的注意力，教学无法进行下去了。这时，教师并没有指责学生，而是同学生一道默默地目送着大雁向远方飞去。这位教师抓住课堂上出现的这一特殊情境说道：“同学们，你们看大雁多守纪律，队伍排得多整齐！我们今天要学习广播体操，我想看看你们能不能在做广播体操时像大雁一样做到队列整齐、动作一致！”学生们在想与大雁比试一下的心理驱使下，注意力高度集中地投入到教学内容中去。这位教师巧妙地利用了课堂中出现的情境，引出了教学内容，并激发了学生学习的积极性。体育教师导入新课除了利用自然情境外，还可通过对教学场地的布置、教辅设备的安放等创造情境，借助环境因素的刺激作用，调动学生激动、愉快的情绪，激发他们的学习兴趣。

2. 利用竞争心理导入新课

学习动机是直接推动学生学习活动的内在动力。实践证明，学生的学习效果同学习动机水平成正比关系。竞争是培养和激发学习动机的因素之一。体育教师在教学中应根据教材特点和学生身心状况，恰当、合理地将竞争机制引入到教学中，来诱导、激发、鼓励学生进行竞争，增强学生学习的动力。体育教师都有这样的体会，在上径赛这类课时，学生感到比较枯燥，学习的积极性不容易调动起来，教师也经常为此而发愁。有位经验丰富的体育教师充分利用了学生喜欢竞争的这一心理特点，利用学生的竞争心理导入接力跑的教学内容，收到了很好的效果。该教师在上初一年级男生接力跑时是这样开始的："同学们，今天我们学习接力跑，目标是要打破我校教师 58 秒的男子 400 米接力赛纪录。"同学们接受了这一新异刺激后，个个摩拳擦掌，跃跃欲试。教师接着说："要想打破这一纪录，我们每组四位同学首先要学习和掌握交接棒技术，这是本次课的重点，也是我们能否打破校纪录的关键。"这位教师在导入接力跑教学内容时，巧妙地利用了体育运动的竞争特征，通过创造校纪录这样一个抽象的对象，激发了学生的竞争意识和学习兴趣。同学们在学习交接棒技术中非常认真，练习时主动相互切磋，课堂不仅严肃、紧张，又生动活泼，最后，大多数组都打破了校纪录，收到了预期的教学效果。

3. 利用直观演示导入新课

在体育课堂教学中，充分利用学生的听觉、视觉、触觉及本体感觉等各感觉器官，对外界的各种刺激通过不同的感受器进行感知，就会对所学的知识、技术产生更加深刻的知觉或感性认识，这是取得良好教学效果的途径之一。体育教师在讲授新的教学内容之前，可组织学生观看技术动作图片、电影、电视、幻灯片或通过音乐、教具创设一个直观的教学环境，导入新的教学内容。这样不仅能够引起学生的注意，激发学生的学习兴趣，促使学生更加主动地学习，还能使学生加深理解所学内容，获得感性认识，建立清晰的运动表象，对所学新知识形成正确的学习心理定势。

4. 利用实验导入新课

在体育教学中，教师不仅要向学生传授体育知识、技术、技能，而且更重要的是要培养学生独立观察与思考的能力和获得知识的本领。体育教师在授课前，可根据教材的内容和特点，设计一些小实验，让学生观察、思考，并根据实验结果引导学生分析、判断、归纳和总结。所得出的结论应是本次课所涉及的概念或技术动作的要点和关键，从而揭示出本次课教学的重点。通过实验能起到激发学生积极思考，活跃课堂气氛，加深学生对将要学习的知识、运动技术动作理解的作用。美国心理学家布鲁纳在论述学习动机时指出："最好的学习动机莫过于学生对所学材料具有内在兴趣，有新发现的自信感。"实验就是让学生自己去发现、去感受新知识，并在这一过程中，形成积极的学习动机，引起对所学内容的兴趣，获得好的教学效果。

5. 利用示范导入新课

动作示范是体育教学中最普遍、最常用的教学方法，它是以教师或所指定的学生的具体动作演示为范例，帮助学生了解所要学习的动作形象、结构、要领和方法。利用示范导入新课也是体育教师应掌握的一种导入技能。它不仅可以使学生建立正确的动作表象，还可以提高学生的学习兴趣，激发学生学习的积极性，有利于教学活动的顺利进行，提高教学的效率。准确、熟练、优美的示范，使学生一开始就发现将要学习的技术动作的美感，使学生调整成渴望模仿、跃跃欲试的心理状态，起到动员、鼓舞学生积极投入到学习中去的作用。利用示范导入新课，除了运用正面示范外，还可以利用学生的错误动作进行反面示范，以加深学生对正确技术动作的理解，形成正确的动作技术概念。

三、导入技能在体育教学中的运用

创设一个良好的开端是整个体育课教学过程中的一个很重要的环节，也是教学步骤、教学方法中不可缺少、需要加以研究的一项重要内容。导入的方法很多，教师究竟应怎样选择导入方法，设计一堂课的导言，使教师的“开场白”能够将学生的注意力吸引到一个特定的学习任务或学习程序上去呢?

（一）导入要明确目的、紧扣教材

导入方法的选择和设计要从课堂教学的目标出发，要有明确的目的性，使之为实现教学目标服务。所设计的导入要具体、简洁，尽可能用少的语言说明学习的内容、意义和要求。教师要通过不同的导入方法，使学生明确本次课的学习内容和学习目的。同时，为了使学生明确为什么要学和应怎样学等，导入还应包括学习态度和学习动机在内的学习心理定势。导入方法的选择和设计还要紧密地同教材相结合，不能脱离教学内容，应使导入充分体现新的教学内容和特点，并能将学生的思路引入将要学习的新知识的情境中去。

（二）导入要引起兴趣、激发动机

导入法的设计应具有艺术性，应以新颖活泼的面貌出现在学生面前，增强导入的吸引力和艺术感染力，最大限度地引起学生的兴趣，激发他们的学习动机，引导和促进学生接受新内容，主动学习新内容，创造轻松愉快、生动活泼的学习氛围。但也要防止出现华而不实，单纯追求新异刺激等脱离教学内容的错误倾向。

（三）导入要集中注意、启发思维

导入方法的设计应对学生将要学习的教学内容具有启发性。要通过导入拓宽学生的思路，引起认知冲突，促使学生的注意力高度集中到将要学习、将要解决的问题中去，激发学生产生寻求解决问题方法的强烈愿望，发挥学生的思维能力，充分体现学生学习的主体作用。

（四）导入要形式多样、引入自然

导入的形式和方法很多，教师在应用时应根据教材和教学内容的特点，学生的认知水平、心理状态、精神面貌等灵活运用不同的导入方法，不可千篇一律。但在设计导入方法时，也要考虑它的运用性，既要做到新颖、别致、精彩，吸引人，又不能牵强附会，甚至哗众取宠，应使导入自然地与将要学习的教学内容相吻合，自然地过渡到学习内容中去，为课堂整体教学服务。

第二节　教学语言技能

一、语言表达技能概述

（一）语言表达技能的概念

语言表达技能是教师传递信息、提供指导的语言行为方式。语言表达技能并不独立存在于教学之中，但它是一切教学活动的最基本的行为方式。

体育教学绝不应仅被理解为单纯的身体活动，它是充满语言艺术的一种教育活动。体育教师是体育课堂教学的组织者和引导者，其教学的语言表达技能直接影响着教学效果。在体育教学中，教师讲授的内容是否能被学生所理解，主要是由教师使用的语言能不能被学生所理解和接受所决定。只有通俗易懂、生动形象的语言才能打开学生心灵的天窗，充分调动学生的积极思维，引导学生掌握知识，发展他们的智力。从学生学习掌握体育的运动技术和技能的角度来说，教师的语言也有重要的作用。因为任何一种技能的教学，都需要教师既作示范表演，又要对这一技术动作进行说明和解释。当学生自己按教师的要求进行练习时，教师也要借助语言进行必要的指导，而学生在学习这一技术动作时，总是要通过对教师语言的感知、调动记忆表象、在积极思维的情况下练习动作。另外，教师在传授体育知识、技术和技能的过程中，不仅要向学生揭示客观事物的内在联系，而且还要结合教学内容，通过语言对学生进行思想品德教育。由于语言在“信息”传递上具有准确、方便、概括、明了的特点，所以在体育教学中充分发挥语言的作用，对学生掌握运动技术、技能，纠正错误，提高教学效果都具有重要的作用。因此，体育教师的语言艺术应始终渗透到教学的各个环节中去，达到全面提高体育课教学质量的目的。

（二）语言表达技能的功能

1. 准确、清晰、及时地传递信息

语言表达技能的掌握有利于准确、清晰地传递信息。在当今信息化的社会中，由于传播技术和设备的不断发展，加速了信息的储存、传递和交流；同时，也拓宽了课堂教学中信息交流的方式和途径。但是，现代化的教学手段不管多么复杂和先进，都无法代替教师的语言活动。语言乃是最基本、最经济、最有效的体育教学手段。教学活动是通过在教学和训练的过程中师生间的语言交流而实现的。使一节体育课成功的因素固然很多，但是，如果教师的语言素质基础好，语言运用的能力强，将会对一节课产生良好的影响，也会提高其他教学技能的使用效果。

所以，语言表达技能的掌握与提高，是教师准确、清晰、迅速传递信息的重要保证。教师的语言的逻辑性强，就可把教学内容中的概念、观点等知识点梳理得明白清晰；教师的语言表达准确，可以保证讲解的科学性、系统性和严密性；教师使用的语言简练明了，就可把繁琐的问题条理化，把复杂的问题简单化；教师的语言形象生动，就能把抽象的问题具体化。教师的语言感情充沛、热情、真诚，不仅能够打动人，还能使学生获得情感上的满足、精神上的愉悦和审美感受，激发他们学习的兴趣和积极性。

2. 恰当、适宜地控制信息传播的量和强度

正确合理的语言表达能保证教师传递的信息恰当、适宜。语言是人类社会特有的信息。离开了语言信息的传递和交流，其他教学技能难以施展，各种教学活动难以顺利进行。正确使用语言表达技能，能够合理地控制口语负载的信息量、语句的长短和语速。灵活处理音节长短疏密的变化，使之错落有致，教学效果会大大提高。相反，如果教师缺乏语言表达技能，课堂上不能较好地控制信息传播的量和强度，不间断地“哇啦哇啦”灌输，会造成学生在单位时间内接收到的信息过多、过密，引起大脑的抑制，造成事倍功半的结果。当然，语速过慢、语言表达间歇过长、停顿过多，造成学生接收的信息量过少，不仅会造成时间上的浪费，还可能达不到既定的教学目标。

3. 增强课堂教学感染力，提高教学信息的接受率

正确的语言表达使学生乐于接受。教学内容的科学、实用、有趣和学生的需要相结合，是学生接受信息的基本条件。除此之外，引起学生的兴趣，调动学生学习的积极性等也是提高学生信息接收率的重要条件，而语言表达技能在这方面起着非常重要的作用。所以，在教学过程中，教师的语言表达应抑扬顿挫、有疾有徐、有行有止、有平有势，这样才能生动完美地表现出教学的艺术性和自己的思想感情，达到说服学生和感染学生的目的，提高学生对教学信息的接收率。

二、语言表达技能的构成要素

影响语言艺术的因素很多，除了思想修养、文化水平、表达能力、语言实践外，基本语言技能是一个重要的方面。语言不是音乐，但语言和音乐有着密切的关系，它们都是以声音为手段。音乐之所以悦耳动听，离不开它的音调、音速、节奏和音韵等，教学语言也是如此。教育心理学的实验告诉我们，音调的刺激容易引起学生大脑皮质的超限抑制，语言平淡、平铺直叙易使学生感到疲劳，那种平直、呆板、没有起伏、缺乏变化的声音，不但不能引起学生学习的兴趣，反而会扼杀学生学习的积极性。

语言表达技能由语音、语调、语气、音量、语速、节奏和词汇等要素构成。

（一）语音

语音是语言的物质形态，没有语音也就没有语言。通过语音人们才能感知语言的存

在。有了语音这一载体，才能使表达信息的符号—语言—能以声音的形式发出、传递和被感知。学好语言，必须先学好语音。

人发音的动力是肺，发音体中最重要的是声带，共鸣器中最主要的是口腔和鼻腔。语音则是通过发音器官某些部位的振动，引起空气振动而传播开的。任何声音都有音高、音强、音长、音质四个要素，缺一不可，这是语言的物质属性。音高指的是声音的高低（由振动频率大小决定）；音强是指声音的强弱或大小（受振动外力大小决定）；音长指发音时间的长短；音质，又叫音色，是指声音的个性或特色（由发音体的不同、发音方式或方法的不同及共鸣器的形状不同决定的）。要想取得良好的发音效果，必须做到：气息下沉、喉部放松、不僵不挤、声音贯通。

1. 在教学中，把话说清楚，让学生听懂。这是对教师运用语言表达技能最起码的要求，教师应尽可能地用规范的普通话语音来表达所要讲述的内容。

2. 语音要力求准确。语音不准确会引起教学组织的混乱，影响教学效果。例如：一次体育课上，教师要求一组同学自由结合，四人一小组进行练习。命令发出后，教师就去辅导另一组同学去了。可是过了一会儿，教师发现刚才已布置任务的那组同学还没有练习。这是为什么呢？最后才明白是由于自己的发音不准确，使学生把“四”听成“十”，而该组一共只有十六位同学，没法分组。

（二）音量

音量是指音的大小，音量的大小和气息的控制有密切的关系。要达到一定的音量，就要注意深吸气。教师在讲解时要有控制地、合理地用气，气要用得匀，用得长，口语音量不能忽大忽小，以免影响表达效果。

1. 合理控制说话声音的大小

教师上课说话声音太小，学生听不清楚，听讲感到吃力、费劲；声音太大，对学生的听觉器官刺激过强，学生会感到不舒服，而且还容易产生疲劳。所以，音量大小的控制是非常重要的。一般来讲，讲课音量的大小以全体同学都能够清楚地听见为准。在运动场上，教师要把每一个字、每一句话都清楚地送进全体学生的耳朵里，就既要保持较高的音量，又要注意保护嗓子，以免受到伤害。音量较小的教师可以通过专门的训练加以提高。

2. 合理运用声音的强弱

由于每位教师的声音条件和用声习惯不同，音量的强度有强弱的变化。有的人声音强些，有的人声音弱些。相对来讲，男教师声音比女教师声音要强。声音强弱的运用，要根据教学的内容、教学环境、教学场面、学生的心理状态等有目的地合理利用。

（三）语调

语调即说话的腔调，这里主要指的是声音高低升降、抑扬顿挫的变化。语调的作用在于唤起语义，提供概念。从教师所表达的内容和情感出发，合理地运用停顿、轻重、高低变化的语调，可以大大加强口语表达的准确性、形象性、趣味性和生动性。

1. 在运用语言时，音量的起伏变化不要太大，一句话不要忽高忽低。讲话音量过强、过弱，幅度变化过大、过频，都会干扰学生接收信息的质量。当然，长时间地使用固定的音量讲课，不仅在音量使用方面显得单调，还会削弱语言的感染力。

2. 在体育教学中，教师声音的高低强弱必须适度，以全体学生都能听到为准，不要过高。因为持久的强烈声波刺激会使学生的差别感受性降低。只有在教师需要强调某些教学内容，提醒学生高度重视，课堂声音嘈杂或一般语言难以发生效力时，才适合使用较高的声调。有些教师讲课，一开口就如雷贯耳，始终保持高声调，这不但不受学生欢迎，还会影响教学效果。当然声音也不能过低，否则会使一些学生听不见，而且不容易使人精神振奋，感受性同样也会降低。

3. 语调的高低强弱，要根据教材的内容、性质、要求、教学环境和学生情绪等不同情况灵活运用。如提到快速有力的动作，语调应该短促有力；讲到柔韧性、协调性强的动作，音调一般要平和、富有节奏感；对重点和难点要运用“重锤敲打”，把语调提高，以引起学生的注意和重视。

（四）语气

语气即语言的感情音调。感情音调是把声音作为情感的表现手段，给人以直接的感染。语气在语言学里属于句子的“式”，即用一定语法关系表示具体态度和情感。如“全体起立”“全体坐下”是命令语气；“你练习完了”是陈述语气；“你抽筋了吗？”是疑问语气。语言学认为，从语气词（的、了、吗、呢等）和语调上可以了解和表达人的各种语气。

在讲话时情感变化的各种语气包括语气的感情色彩和分量。语气的感情色彩是指语句包含的是非态度（这是正确的或这是错误的）和爱憎的感情（我爱你、我懂你等）。态度和情感交融一体，可以展现各类语句的丰富多彩性。语气的分量是指能显示出是非、爱憎的程度（我同意、我不同意、我非常不同意、我反对、我坚决反对等），也就是讲话时的分寸、火候、深度和广度的不同（你去不去？你去吧！你必须马上就去！个别学生、部分学生、全体学生等），语气的感情色彩和分量必须出自于对学生的爱心，以真、善、美为标准。

声音是感情的使者，教师在讲话中总要流露出自己的情感，这种情感的外部表现就是语气。

1. 教师应善于运用语气的变化

在体育教学中，随着讲话的内容不同，感情的变化，语气也理应有所改变，时而响亮，时而温和，时而深沉，给学生一种风吹浪涌、起伏有致的感觉。教学中语气的变化是多种多样的，如表示同意、反对、命令、赞许、感叹等。

2. 教师要多用肯定、赞许的语气，鼓励学生

语气最富有感情色彩，最能表露言者之心，产生感染力和号召力。如起跑口令“各就位！”发令员用不同的语气发令时，能使运动员产生不同的心理反应。倘若用带有强烈刺激的语气发出来，就会使运动员产生紧张心理；如果发令员的语气比较平和，运动员的情绪就比较从容。这是因为声音的听觉感受能通过语气引起情感的共鸣，是感情音调所发生的效力。例如学生要求教师评定自己的动作，教师的回答是“不错！”时，如果语气不同，效果是不一样的：用肯定、赞许的语气，能产生鼓励学生的效果；用漫不经心的、轻视的语气，就会对学生产生消极的影响；用不文明的、缺乏修养的粗俗的语气，学生则会产生厌恶的感觉；如用讽刺、挖苦、怪声怪气的语气，学生会产生抵触的情绪。有位教师曾有过这样的教训：一个基础较差的学生在课堂中高兴地问他：“您看我做得怎么样？”因为该学生的动作“走了样”，当时这位教师只想借机活跃一下课堂气氛，贸然用戏谑的语气说：“行呀！”结果课堂哄然，令这名学生受了屈辱，不再认真练习了。又如，教师讽刺学生“中学六年，你能学会一个动作不错呀！”使用这样的语气会使学生的自尊心受到伤害，感到羞辱，学生会因此产生抵触心理，造成不良后果，而对女学生时更应该注意这一点。

3. 教师要善于运用不同的语气，恰当地处理突发事件

在体育教学中，由于参加的人数较多，练习的形式多样，具有对抗性、竞争性等特点，课上常会发生碰撞、摩擦等事情。有经验的教师会根据实际情况，采用多种变化的语调、语气讲清道理，恰当地解决已经发生的问题。但有的教师缺乏调查研究，用生硬的态度，甚至用不文明的、缺乏修养的粗俗语气，不分青红皂白地大声呵斥，妄图以简单的方法压服学生，结果往往会事与愿违，使学生产生不服气的反感情绪，造成以后教学的障碍和困难，影响师生关系和教学效果。

因此，体育教师在教学中，要特别注意语气的应用，要多使用果断的、鼓舞的、肯定的语气，切不可用嘲笑的、淡漠的、鄙俗的、威胁的语气和语言。

（五）语速

语速是指讲话的缓急，即发出语言信息的速度。人的感官是对外界事物产生感觉的第一门户，外界信息的接收效率与语速有一定的关系。语言的表达除有手势和身体姿势的配合之外，很重要的是还要有声音信息传递速度的配合。在日常生活中，每个人讲话的速度是不相同的。

但是，教学语言是一种专门的工作语言，讲课时不应该用日常习惯的语言速度，必须受课堂教学自身规律的制约，受到与教学有关的诸多因素的支配，不得有随意性。电影、电视解说的速度为每分钟 250 ~ 300 字，课堂教学语言的速度还要慢一些，以每分钟 200 ~ 250 字为宜。

1. 教师要选择适宜的语速进行课堂教学

从信息加工的角度来看，学生接受的语言信息，首先通过感官进入大脑的“临时储存器”，在这里经过选择后或立即进行反馈，或再进入“短期储存器”，经过选择加工后，一部分进入“永久储存器”，于是形成了记忆。在这个信息输入的过程中，信息在“临时储存器”停留的时间约为 6 ~ 8 秒，在“短期储存器”中则可达到 20 分钟左右。从生理学的角度来看，人们听的能力有一定的承受量。瞬时发送的信息量过大，超过了人体接收的能力，也就是超负载后，反应跟不上，就会听不懂。从上述两个信息传递的不同角度可以明显地看出，教学语言的速度是否合理，对学生的学习效果会产生重要的影响。发送信息的频率太高，会使学生大脑对收取的信息处理不迭，势必会造成信息的遗漏、积压，而导致信息处理的障碍。如果信息发送得太慢，跟不上学生大脑处理的速度，不仅会浪费许多时间，而且会导致学生的精力涣散。因此，语言速度太快或太慢对学生的学习都会产生不良的影响。

2. 在不同的教学环节，对不同的讲授内容，讲话的速度也应有所不同

快速的语言同样能够起到加强语势的作用。在体育教学组织中，为了节省时间，利用快速的语言，形成较强的语势，能产生较好的效果，在讲解动作要领时，语速就不能太快。语速太快，超负载则听不清楚，也不便于理解。教师应根据实际情况，根据不同的教学环节和内容灵活掌握语速的快慢，以实现最佳的教学效果。

（六）节奏

节奏是指讲话时语速的快慢，声音的高低、强弱和长短的变化，是多种因素的综合表现，是有声语言运动的一种形式。讲话的节奏是教师合理运用语言运动的一种艺术。丰富变化的节奏需要经过长期实践的磨炼才能形成。合理的节奏是吸引学生、集中学生注意力、提高学生学习的兴奋性和趣味性的重要手段。一位造诣很深的音乐界前辈说：“节奏实际上是一种秩序，没有秩序，音乐便溃不成军。”教学语言也离不开节奏，也应有秩序。有了节奏，声音才优美悦耳。一般讲话的节奏的类型大体上可分为轻快型、凝重型、低沉型、舒缓型和紧张型等。它们之间不是单一孤立的，往往在运用中相互渗透和结合使用，根据讲话内容的需要和情感的变化而变化。

1. 教师在体育教学中要善于运用“抑扬顿挫”

体育教师讲课时，不能总是一种节律，一种板眼，而要做到长短缓急，快慢起伏，错落有致，即所谓的抑、扬、顿、挫。抑扬顿挫是节奏变化的重要方法。教学中，教师始终要把握住教材，对学生难以掌握的内容，要有意把节奏放慢，给学生回味、思考的机会。口令运用应有短促、悠长、柔和、激扬等音调的差别，要经常显示出韵律和情趣，使动作和口令和谐统一，优美动听。例如广播体操中的全身运动、跳跃运动、整理运动，在运用口令指挥时，其音调和节奏就有明显不同的要求。整理运动的口令就特别要显示出弧形音和轻盈的节律来，不然就达不到良好的放松效果；而跳跃运动则必须短促有力，

才能引导动作干净利落。

2. 教师在体育教学中要巧妙地运用停顿

停顿在教学语言中对教师传达思想、表达感情有着重要的意义，也是控制语言节奏的一种手段。教师在讲话中，恰到好处地运用停顿，可引起学生的思考，让学生的想象得以发挥。一般在提问以后，都要停顿一会儿，给学生以思考的余地。但往往有些年轻教师，就怕在授课时出现停顿，怕冷场，遇到这种情况就手忙脚乱，不知所措，经常在课堂上自问自答，这些不足是可以通过训练加以克服的。

（七）词汇

词汇是语言中能够独立运用的最小单位，是语言中最基本的建筑构件。没有词汇也就没有语言。因此，修辞在教学语言中就显得非常重要。修辞是使语言表达准确、鲜明、生动、得体的基本手段。规范的用词不但能够正确地表达信息内容，而且能为学生做出典范。如果做不到这一点，语病百出，就会影响教学效果。在课堂教学语言中，对用词的要求是规范、准确和生动。

1. 教师在教学中要注意运用专业术语

能正确地使用专业词汇是用词规范的一个重要方面。如体育教学中常用的一些专用术语如“有氧代谢”“靶心率”“超量恢复”“去脂体重”等。教师在说明概念、动作等的时候，所用的词一定要准确，防止词不达意情况的出现，更不能自编自造“土语”。如把“分腿”说成“叉开腿”、把“屈腿坐”说成“盘腿坐”、把“拉韧带”说成“拉拉筋”等。

2. 教师在教学中要注意用词的准确性

用词准确是对教学语言的基本要求，否则就不能正确地表达教师的意图。例如，有位教师说：“现在，迟到的现象比刚开学时减少了。”学生听后不知所以然，是迟到的人数减少了，还是迟到的人数又增加了？教师是在表扬，还是在讽刺？教师在讲解、指导、反馈的过程中，准确地使用词汇更为重要，应坚决杜绝似是而非、模棱两可的词语。教师只有具备了一定的词汇量，并能够正确、熟练地运用于口头表达之中，才能保证用词的准确性。

3. 教师在教学中要注意用词的生动形象

要做到用词生动就要在选词和用词上精选妙用，注意词的形象性、感染力和感情色彩。语言的生动不是只通过辞藻的堆砌就可以实现的。往往一个很平常的词，由于用得精当巧妙而格外生动传神。语言的生动与教师的科学知识有关，也与教师的语言文学水平、讲话的技能技巧有关。教师通过不断学习和训练，具有一定的口语技能，讲课时教师才能表现出简练、生动、形象、深刻的语言艺术；相反，如果缺乏文学修养，词汇贫乏，就很难体现教学语言的艺术魅力。

三、语言表达技能在体育教学中的运用

体育教师运用语言的能力强弱之所以重要，是因为知识之所以能被接受和掌握，是由于一般都获得了明确的语言形式。也就是说，学生练习的目的、运动的方法手段和运动的结果都是借助语言来实现的。如果说学生在练习的过程中，只能模仿教师的示范，而不能正确地表述自己所做的动作，那就说明他还没有获得关于动作的清晰表象，他也就不可能真正地学好动作。只有把生动、直观、明确的语言结合起来，才能使学生获得明确的感知和动作表象，从而建立运动条件反射，巩固动力定型。体育教师运用语言不仅要把体育的知识、动作方法、动作要领表达清楚，而且还应具有较强的启发性、鼓动性、夸张性和趣味性。

（一）体育教师在训练和运用语言时应注意的几个方面

1. 要提高语言运用的准确性、精炼性

准确简明的语言，是体育教师必备的基本功。法国大作家莫泊桑说过，他的老师福楼拜曾说“不论人家所要说的是什么，只有一个字可以表现它，一个动词可以使它生动，一个形容词可以限制它的性质。因此，我们得寻找，直到发现这个字，这个词和形容词为止，决不安于‘大致可以’”。这虽然论述的是写作，教师的教学语言不可能像写作那样经过反复酝酿，字斟句酌，但这种语言修炼的精神仍然是我们所需要的。至少教师在上课时要开动脑筋，在自己现有的语言“仓库”里，尽可能地选用比较准确简洁的字词。

体育教师如何运用准确简洁的语言，将诸多的知识信息按照一定的顺序、层次、条理输送给学生是十分重要的。教师在运用语言时，要反复地、仔细地推敲，词语要经过慎重的选择，力求做到重点突出，条理分明，由易到难，由浅入深，绝不允许颠三倒四、啰唆重复，力戒废话和语病。由于体育教学是以身体练习为主的教学形式，为了完成教学任务，教师不可能也不允许长篇大论、滔滔不绝地讲个没完，尤其在学生练习时，更不宜频繁中断练习，停下来让学生听讲。所以体育教师的教学语言就务必力求准确、简洁。

2. 语言运用要生动、形象、具体

教学语言只是精练通畅、简洁明白还不够，还应具有生动性和形象性。即简明活泼、具体形象、逼真有趣、通俗易懂、深入浅出。生动形象是语言艺术性的主要特征，也是语言直观作用的要求。因此，这就要求教师首先要善于巧妙地运用语言艺术，要能引人入胜，要善于联系实际，恰当举例，把深奥的事理形象化，由近及远，由具体到抽象，把技术动作的概念、要领和过程变成生动形象的语言，引起学生丰富的联想和深入的思考，使学生从感性认识上升到理性认识。

为了使体育课上得生龙活虎，朝气蓬勃，表现出体育运动的特点，要充分调动学生的主观能动性和积极性，体育教师在教学过程中要通过生动形象的语言刺激，激发学生的再造想象和创造想象。通过生动形象的语言使学生对未见未闻的东西产生感性认识，在头脑中建立生动的运动表象，对学生掌握运动技术动作、完成教学任务、提高教学效

率都具有十分重要的意义。

3. 培养真挚的情感，提高语言运用的启发性

教师的语言必须富有情感。情是语言的结果，又是语言的先导。“感人心者，莫先乎情。”要使讲话生动，必须增强语言的感情色彩。感情色彩浓厚的语言，有强烈的感人力量，而语言的感情色彩，又来源于教师的思想感情。只有忠诚于党的教育事业、热爱体育教学工作、热爱学生的教师，才可能激情满怀，缘情体物，以言传情。教师的语言富有情感，会使学生产生感情上的共鸣，也会使学生心心相印。心理学家的研究表明：当教师讲得出神入化、富于情感时，给学生留下的印象最深刻，也是效果最好的时候，能发挥潜移默化的作用。

在体育教学中，对学生进行思想教育时，更需要注意语言的情感。体育教师要善于发现问题，抓住时机，“动之以情，喻之以理”，语重心长，亲切诚恳，把教书和育人水乳交融地、自然巧妙地结合起来。例如，有位体育教师发现学生上体育课的情绪不高、态度不认真时，就感情真挚地向学生讲了这样一个故事：“著名力学家钱伟长，小时候体弱多病，但考取清华大学后，经常参加长跑、足球和十项全能等体育运动，成了全校闻名的体育健儿。在清华大学时，虽然学习很紧张，但他几乎没有一天停止体育锻炼。现已是古稀的钱老，仍然能从事繁重的科研和教学任务。”学生听完这个故事后很受启发，这个故事也激发了他们的锻炼热情，表示要以科学家为榜样，完成体育课的学习任务。

4. 在教学中善于运用幽默的语言，使教学富有情趣

在体育课堂教学中，本来就有许多能产生幽默的事物，但由于有些体育教师不善于去发现，去发掘，因而也就不自觉地扼杀了自己的幽默感。体育教师要想使自己妙趣横生，深得学生的喜爱，首先就要有意识地培养自己的幽默素质，以创造性的思维，从平淡中看出新奇，于正常中看出反常，将幽默的语言运用到教学中去。因此，体育教师就需要尽可能多地掌握跨学科知识，旁征博引，融会贯通，还要善于把握事物的特征和幽默的时机。在运用幽默时，要力戒故弄玄虚、盲目炫耀。幽默绝不是充滑稽、耍贫嘴和咄咄逼人的嘲笑，它讲究要言不烦、恰到好处，它要求控制情绪、留有余地，做到与人为善，心平气和。运用幽默的语言还要力戒庸俗和无聊。它不是以表面的笑容来伪装苍白的内容，不是以多余的笑声来填补空虚的心胸，它是在庄重、深沉的基础上所产生的健康、轻松的微笑，笑意中带着思考、带着哲理、带着情趣。

幽默是知识广博的反映，单纯地追求幽默技巧，只能适得其反。教学工作是一项十分严肃的工作，它不可能也没有必要时时处处都幽默。

5. 在教学中借助体态语，达到异曲同工的效果

教学过程中的师生相互交流，除了有声语言之外，体态语言也起着十分重要的作用。事实上，只要稍微留神一下，我们便不难发现，任何一位体育教师上课，都不同程度地自觉或不自觉地使用着丰富的体态语言。体态语言主要是指人体动作、面部表情和眼神。在体育教学中，充分运用体态语言能够节省讲解时间，表达有声语言无法表达的内容，

提高教学效率和质量。

人体的所有动作都具有特殊的意义。如在众多国家里，摇头表示否定，点头表示赞同，昂首表示振作，侧首表示询问。手是人体最灵活、表情最丰富的器官之一，通过不同的手势、造型也可起到表情达意的作用。在体育教学中，教师的示范本身就是一种体态语言，通过示范向学生表达技术动作的结构，建立清晰的动作表象。但有时对于一些难以做静止示范的技术难点，关键之处，教师可以用手来指点比划动作的用力方向，用手臂的摆动来代替动作的幅度与速率，用手比划高度、长度等，使学生建立动作技术的时间、空间的概念，加快对动作技术的领会。

总之，体育教师在教学中成功地使用体态语言，首先可以在不中断正常运用语言进行教学，不影响其他学生学习的情况下，对个别的学生实行调控，把他们的注意力集中到听课或练习上来；其次，还可以避免与学生的自尊心直接发生冲突，防止引起学生的“逆反心理”，便于学生接受意见；再次，可以起到补充和加强教师语言的作用，使教学语言的含义更加明确，更加有力，在一定的条件下，甚至可以代替语言的作用；最后，体态语言配合有声语言，能增强语言的直观效应，有利于学生对所学的动作建立正确的运动表象，有利于学生理解、记忆和掌握技术动作。体育教师如果能很好地掌握和运用体态语言这一技能，就能使师生彼此心心相印。

（二）语言表达技能训练的目标

1. 理解语言表达技能的概念，了解其功能，掌握语言表达技能的构成要素和应用要求。
2. 熟练地运用语言表达技能的各种要素。
3. 能将有声语言和体态语言有机结合。
4. 能充分利用眼神、手势、面部表情的变化，提高语言表达技能运用的效果。

第三节　讲解技能

一、讲解技能概述

（一）讲解技能的概念

讲解技能是指体育教师通过运用语言表达技能，对事实及运动技术动作进行描述、解释、分析、概括，以便对学生认知、情感及运动领域产生积极影响的一类教学行为方式。

在体育教学中，教师对学生学习的指导是通过多种方式和方法进行的，如直观演示法、语言法、练习法等。其中，语言法就是运用多种语言和不同的形式来指导学生学习，从而达到教学的基本要求的方法。语言表达技能是讲解技能的基础，而讲解技能是针对教学的实际，有目的地运用语言，为实现教学目标而采用特定的、较高层次的语言手段。动作技术、技能的主要方法之一。

讲解是教师向学生传授体育知识、动作技术、技能的主要方法之一。讲解可以使学生了解体育课的目的、任务、教学目标、基本概念、动作名称、作用、要领、方法、顺序及要求等，帮助学生明确学习目的，建立运动技术概念，以指导学生进行练习，掌握所学的体育教学内容。在体育教学中，许多体育的知识、动作技术、技能只有通过教师的讲解，学生才能比较透彻地理解和牢固地掌握。讲解技能不仅用于新知识、新技术的学习过程之中，也运用于复习巩固旧的知识和动作技术之中，它在教学中的应用最为广泛，其他许多教学方法，如示范、展示图片等也往往需要和讲解相配合。讲解不仅可以使学生把动作的技术要领与其所观察的结果联系起来，从感性认识逐步提高到理性认识，还可以启发学生积极思维，对学生进行思想品德教育。因此，讲解可以说是体育教师的中心教学技能之一。

（二）讲解技能的功能

语言是人类独有的信号刺激，教师通过运用生动形象的语言及不同形式的讲解方法，可以将学生已知未知的知识联系起来，体现教学过程的逻辑性、系统性和启发性。讲解是体育教学中的一种最主要、最普通的教学方法，是充分发挥教师在课堂中的主导作用的重要途径。

在体育教学中讲解应完成的任务是：传授体育的知识、技术、技能，使学生明确学习的目的、任务、意义；使学生明确动作名称、作用、要领、练习顺序、方法、要求，建立正确的动作技术概念；充分利用学生的第二信号系统，尽快沟通学生听觉中枢和运动中枢的神经联系；引起学生的学习兴趣、激发学生的学习动机，建立起明确、积极向上的学习心理定势；启发学生的思维活动，形成积极的课堂学习氛围，培养学生发现问题和解决问题的能力；对学生进行思想道德和意志品质等方面的教育。

讲解技能的主要功能有以下三项：

1. 引导学生以原有的认知结构为基础，认识、理解和掌握新知识

认知心理学的同化论是讲解技能的理论基础，同化论是美国认知学派教育心理学家奥苏伯尔提倡的有意义接受学习的理论。同化论说明了新知识的获得要依赖原有认知结构中的适当概念，而且必须通过新旧知识的相互作用，即新旧意义的同化和新旧认知的同化，而形成更高分化的认知结构。例如：学生在已掌握健美操的基本创编原则后，教师要求每位学生自编一组健美操的动作组合。这时，在教师的讲解、辅导下，学生利用已掌握的创编知识、方法和健美操的基本动作，利用结构重组的同化迁移，编出一组新的、自创的动作组合。

启发式讲解是实现有意义学习的讲解。利用迁移的规律帮助学生利用原有的知识、技能去理解新知识是讲解发挥其启发性的基本途径。因此，接受学习是学生学习的根本特性。接受学习是学生以教师的讲解、传授为条件，用积极的方式接受和占有前人的经验。所以，学生形成心智技能和动作技能的过程，就是借助教师有声有色的语言讲解，

通过感官在脑子里留下一系列表象，再通过感知、认识到联想的认知过程。教师的讲解就是要使学生能够在新问题或新情景中应用已掌握的概念、知识和经验，利用迁移的规律与新授内容建立起新的联系，帮助学生领会、理解、掌握体育新知识、新动作技术和新方法。

2. 帮助学生明白获得新知识的思维过程和探讨方法，提高学生的认知能力

学习不只是要让学生掌握一门学科或几门学科的具体知识与技能，而是要让学生学会如何学习，这一点比掌握具体的学习内容更为重要。学习方法也是一种学习经验，它可以对后继学习产生一种比较广泛的一般性迁移。迁移的产生要经过复杂的认知活动。分析、抽象、综合与概括是学习迁移过程中不可缺少的认知活动成分。

在体育教学中，首先让学生在直观演示的过程中掌握感性知识，然后利用讲解和概括性的思维活动将感性知识加工、提炼成理性认识，上升为动作要点。这里包括了学习迁移中的分析、综合、抽象、概括的认知活动，以及对知识的记忆和储存。但学习的根本目的不是把经验储存于大脑之中，而是最终要将所获得的经验应用于实际的各种情境中，去解决现实世界中的各种问题，实现知识的价值，即应用知识。学生的认识过程是教师定向讲解的思维过程，是教师将学习的内容向学生清楚地呈现出来，引起他们的注意、思考、概括，使之最终获得的过程。

精心准备的讲解，既是教师的义务，又是教师的责任。如果教师事前缺乏准备，讲解的内容杂乱无章、语无伦次、声音平淡，学生会感到乏味、困倦，影响学生学习的积极性，还会直接影响到教育和教学效果。在课堂或操场上讲解不仅是知识的传授，而且也是思维过程和学习方法的传授，这是每位教师应当注意和重视的问题。

一个事件、一种现象、一个动作或技术、一个问题怎样去讲解和分析？怎样选择讲解的内容？讲解的重点是什么？每个问题又分几个层次？讲解的顺序怎样安排？通过什么方式讲解效果最好面对这一系列问题，都需要教师在讲课之前进行认真的思考、琢磨、推敲和准备。一名优秀的教师，在对这些问题思考成熟后进入教室或走上操场，就能在传授知识和技能的过程中，运用分析、综合、概括、抽象的认识方法，通过运用自己的讲解技巧，展示辩证的思维过程和科学探讨问题的方法。教师的讲解过程本身就是学生学习分析问题、解决问题的过程，也是潜移默化地传授认识论和方法论的过程。所以，教师讲解必须具有科学严谨的态度，内容正确，层次分明，循序渐进，由浅入深，由表及里，这样的讲解才会给学生留下极其深刻的印象。

3. 结合教学内容影响学生的思想和审美情趣

教书育人是教师的天职。结合教学内容用马列主义的观点和思想教育学生，是体育教学要完成的一项重要任务。体育教学既是一门科学，又是一门艺术。体育教师的教学能力、教学艺术水平是建立在教师深厚的知识和熟练的教育技能基础上的，教师在教学中运用讲解技能，如同艺术表演家一样，利用自己的风度、气质、语言、声调和姿势、表情、情绪的变化，结合准确优美的动作示范，使学生不仅获得知识和方法，而且受到

思想道德的教育，得到精神上的满足、艺术上的享受、情感上的熏陶、心理上的健康发展。

在体育教学中，思想道德、心理健康的教育与技术动作的教学是同步进行和提高的。在不同的教学阶段，要针对不同的学生和问题，采取灵活多变的讲解形式，耐心说服和热情帮助相结合，使学生端正学习态度、克服困难、排除心理障碍、完成学习任务。对进步较慢的学生，更要关心和爱护，讲解时态度要亲切、和蔼、自然、耐心，从积极的方面鼓励学生。这样可以调动学生学习的积极性，激发学生向上的情感，教师在生动、合理、多变地运用讲解技能的过程，就是向学生奉献爱心的情感教育过程，是学生思想受到教育、心灵受到净化的过程，也是对学生审美情感的教育和兴趣爱好的培养过程，可以实现提高学生心理健康水平和审美能力的目的。

总之，在运用讲解时，必须目的明确，具有实效，完成它的基本功能。

二、讲解技能的构成要素

讲解技能由讲解的结构、语言、例证、连接形式、强调和反馈等要素构成。而讲解效果的好坏又受以上诸多要素的影响。因此，教师必须正确认识、理解和掌握讲解技能要素变化的方法和规律。针对学生的实际情况，正确、合理、灵活、熟练地运用这些要素，才能提高教师讲解技能的艺术水平。

（一）讲解的结构

讲解的结构应包括讲解的内容选择和设计、讲解顺序的编排及讲解重点的确定。清晰的讲解框架，能使讲解的内容层次分明、条理清楚、重点突出，引起学生的兴趣和思考。在体育教学中，教师常安排学生做一些提高身体素质的练习，提高学生的体质健康水平。为了提高学生对身体素质概念的理解与认识，丰富学生锻炼身体的知识，掌握提高身体素质的方法，提高学生锻炼的主动性和自觉性，教师要经常讲授这方面的理论知识。如何确定讲解结构呢？下面以身体素质为例，说明如何设计讲解框架。

1. 选择讲解的内容（见表 3-1）

表 3-1　有关身体素质的内容层次

第一层次	身体素质的概念 身体运动素质的概念 身体健康素质的概念
第二层次	身体运动素质的构成要素 身体健康素质的构成要素 身体运动素质与身体健康素质的区别与联系 不同年龄阶段发展身体运动素质与身体健康素质的比例安排
第三层次	身体运动素质：超量恢复原则、递进原则、发展素质的敏感期等 身体健康素质：运动频率、运动强度、运动时间、运动项目选择等

续表

第四层次	发展身体运动素质各构成要素的练习方法 发展身体健康素质各构成要素的练习方法
第五层次	练习时应注意的事项及安全措施

2. 讲解顺序编排和重点

（1）以实例（不同项目的竞技运动员的身体运动素质、长寿老人的身体健康素质）导入身体素质、身体运动素质、身体健康素质。

（2）解释概念：什么是身体素质？它包括哪两种素质？身体运动素质的构成要素有哪些？身体健康素质的构成要素有哪些？

（3）区别与联系：身体运动素质与身体健康素质的区别是什么？它们之间有哪些联系？不同年龄阶段发展身体运动素质与身体健康素质的比例应当怎样安排？

（4）基本原则：什么是超量恢复原则？什么是递进性原则？什么是运动素质发展的敏感期？

（5）锻炼方法：发展身体健康素质的运动频率、运动强度、运动时间应怎样确定？如何根据自己的身体情况选择运动项目？发展身体运动素质各构成要素的练习方法？

（6）注意事项：练习时应注意的事项及安全措施。

（二）语言清晰流畅

语言是信息的载体，教师的讲解技能离不开语言，必须依附语言这个媒体使师生彼此交流信息、传递情感，使学生掌握动作要点，达到讲解的目的。而清晰流畅的语言又是影响顺利讲解、信息传递快慢和信息量多少的重要方面。影响语言清晰流畅的因素有发音、词汇、连接、语速和节奏等几个方面。

1. 语言的发音要正确

要使用普通话的标准发音来讲解，不要使用方言和口语。

2. 用标准的语言词汇传递信息

在讲述定义、概念、原理、动作和身体部位时，不要用“大概”“大约”“一般”或其他一些口语和俗语，这样易造成概念模糊、不严谨，甚至使学生去胡乱猜测。另外，讲解时使用的词语要正确、句子结构要完整，专业术语要准确。如身体姿势“仰卧”“俯卧”基本术语不能用“趴着”“躺着”来代替。

3. 讲解的语句要连贯

讲解的内容有时前后联系非常紧密，省略其中某一部分事情就会导致交代不清，有跳跃感。有些体育动作是由一系列技术环节构成的，练习是连续完成的。在这种情况下，如果删去其中主要动作技术环节，会使学生有跳跃脱节的感觉。

4. 适宜的语言节奏和速度

节奏包括语言节奏、内容节奏和时间节奏。语言节奏是指语调高低、速度快慢和强弱变化。内容节奏指的是讲解内容的布局。开头要引起学生的注意；中间记叙要善于变化；结尾要有余，引起学生回味和思考。时间节奏是指合理分配讲解的时间，不要前紧后松或前松后紧。语速是指单位时间里讲解语言的快慢。人的听说能力是有一定承受量的，过快的语速会超过人的负载，是听不清楚、记不住的。当然，语音和语速也要结合讲解的内容，适合情感的需要发生相应的变化。

（三）形成连接

在讲解的过程中，应把前后讲解的知识、问题和动作要领紧密地联系起来，形成连贯完整的知识系统。

如遇到健身跑教学内容时，教师应按以下顺序安排内容：首先，了解有氧运动的概念、意义和价值。其次，了解有氧运动锻炼的基本原则和安全注意事项。再次，在讲解的基础上进行比较典型的有氧运动实践，如 1 600 米健身走、1 600 米跑、6 分钟跑、9 分钟跑、12 分钟跑等。最后，讲解心肺循环系统功能的评价方法及脉搏监控在评价中的作用。

这样，教师就把有氧运动的概念、意义、价值、锻炼原则、注意事项、运动实践及评价方法联系了起来，使学生对有氧运动形成较完整的知识系统。教师的讲解前后呼应，不脱节，环环相扣，形成有机的连接。

（四）进行强调

在教学中，教师经常强调技术环节、动作重点、难点、易产生的错误动作、完成动作的标准、教学要求及应注意的问题等，引起学生的注意和重视。

技术环节的强调。如网球挥拍击球动作包括准备姿势、上步、引拍、挥拍、送球跟进等技术环节，而引拍和挥拍又是挥拍击球动作主要的技术环节，必须掌握好。所以教师在讲解时必须加以强调。

动作重点的强调。如篮球持球突破的“蹬、转、探、拍、蹬”的技术动作重点，都需要教师反复、大声地强调，以引起学生注意，加深对动作重点的印象。

动作难点的强调。如贯穿太极拳始终的以躯干领肢体就是太极拳技术动作的难点，特别是在做野马分鬃和云手动作时，这是学生往往不易掌握的动作难点，教师如果在练习中缺乏反复强调，学生的错误动作一旦定型，改正就困难了。所以，教师应在学生的练习过程中，不时地给予语言强调、信号刺激，加快学生形成正确动作的步伐。

易犯错误的强调。如在掷实心球的练习时，学生易产生出手腕向地上掷球的错误动作。教师应及时抓住这一典型的错误动作，向学生分析它产生的原因和纠正的方法，尽量减少学生错误动作的重复次数。对那些已经形成做错误动作习惯的学生，更要反复强调，引起注意，尽快纠正。

教学要求的强调。如技术动作规格的强调，教师要说明技术动作的标准；练习强度和次数的强调，教师要讲清楚可观察和测量的指标；安全注意事项的强调，教师要讲解练习中的保护与帮助、投掷的方向与信号控制、对抗练习中可能出现的伤人动作等。教学要求的强调是教学过程在教师的控制下，按既定的教学目标安全、顺利、有效地进行组织和练习的基本保证。

（五）获得反馈

在教学活动的过程中，教师讲解的实施是讲解设计和内容的展现过程，也是教师主观意图的实现。一节课讲解的好坏不是只看教师讲授了多少信息，而是看学生接受了多少信息量，这就是主观与客观、讲解与效果统一的问题。因此，教师要善于观察学生的表情、态度、行为动作和回答问题的理解程度，及时得到学生方面的反馈信息，并准确地加以判断，不断调整自己讲解的内容、速度和方式。因此，教师在课堂上应始终保持反馈信息传输的畅通，这样才能保证讲解的效率，提高讲解的质量和效果。

三、讲解技能的类型

教师讲解的最终目的是使学生能够接受、理解所学知识、技能。学生能否接受和理解教师的讲解，除了受学生的能力、技能知识水平的制约外，在很大程度上还受教师讲解方法的影响。讲解的方法或类型是多种多样的，每种讲解方法都具有它的特性，都具有不同的思维方式、语言组织和内在的逻辑特点。教师能利用某种讲解方法的特殊作用，将其作为向学生施加某种思想及动作技术概念的媒介和使学生了解、探索并最终掌握所学技术动作的渠道。体育教师讲解的类型大致可分为事实性讲解、解释性讲解、概念性讲解、归纳性讲解、演绎推理性讲解和对比性讲解。

（一）事实性讲解

事实性讲解的特点是用直述的方式将与教学内容有关的事实，有条理地呈现在学生面前，使学生明确教学任务、教学内容、教学目标，获得学习内容的背景知识，建立运动表象、发展形象思维，了解技术动作的名称、结构、顺序、方法、要求及对人体健康的作用等。

在进行事实性讲解时语言节奏要舒缓层次要分明，条理要清楚，对某一事物或事件需做正确、具体的交代。在讲解技术动作时，除了要讲明它的结构、顺序、方法外，还需讲明它们之间的关系。例如在讲授篮球技术时，要讲解从球传出到同伴接到球这一过程，它应包括：传球的动作方法、球飞行的路线和球的落点（球到的位置）以及这三者之间的关系及相互影响。运用事实性讲解方法时，还要注意对事物或事件陈述的准确性，如某运动的起源、创始人、发展过程及目前国内外的最好成绩等。简洁的语言是事实性讲解是否能抓住学生的注意力的重要一环。好的讲解并不意味着教师要面面俱到，教师应懂得在体育教学活动中，讲解只是其中的一部分。简洁的事实便于学生理解、记忆和回忆，但在进行事实性讲解时，还要结合声调的变化、提问、反馈及手势、表情、体位的移动和强有力的沉默等广泛的语言信号来吸引学生的注意力。

事实性讲解一般多用于新授课、变换练习及课的开始部分，在一节课结束时，教师也常用事实性讲解对本次课的课堂表现、学生所完成学习任务是否达到教学目标等进行评价、总结。

（二）解释性讲解

解释性讲解的特点是教师根据学生已掌握的知识、材料或亲身体验，通过解释性讲解使学生对所学内容或将要完成的技术动作方面获得较透彻的理解。因为解释是根据某些信息资料作出的，所以教师在应用解释性讲解时，应使学生能够通过记忆或直接观察获得必要的信息和资料。

在体育教学中，教师对教学任务、目的、内容、练习方法、常规要求、注意事项、比赛规则以及概念、名词、典故、文言词句等方面都可采用解释性讲解。

在进行解释性讲解时，要保证解释的科学性，根据学生的年龄、知识水平和接受事物的能力，选择解释的深浅程度及运用专业词汇的多寡，同时还要注意解释要简练，要抓住事物的本质做出恰如其分的解释。如有位教师在准备活动中要求学生做股四头肌静力性牵张运动，练习开始前，他会向学生展示股四头肌的解剖挂图，并根据图示讲解股四头肌的起止点，解释称它为双关节肌的原因及双关节肌的特点。学生通过教师的解释懂得了双关节肌只有在起止点同时固定的情况下才能被拉长。通过对直观资料的观察及教师的解释性讲解，学生对做股四头肌静力性牵张练习的动作要领明确了，因此在做股四头肌静力性牵张练习时，学生能够自觉地按照教师提出的“屈膝、伸髋”的要求去练习。同样，在上短跑课时，如果教师对小腿后肌群的起止点及踝关节柔韧性与拉长小腿后肌群收缩前的初长度及获得较大的地面反作用力的关系进行解释性讲解，就能减少学生对踝关节柔韧性的练习不认真的现象，提高对踝关节柔韧性练习重要性的理解。在体育教学中，运用人体运动科学原理对学生将要进行的练习进行解释性讲解的内容十分广泛，如姿势反射与运动中的转身，杠杆作用与投掷、压力、弹力系数、惯量、动量、阻力、引力等都能与学生所学的技术动作紧密地结合起来进行解释性讲解，使学生不仅懂得怎样做，而且真正懂得为什么这样做。

在体育教学中，解释性讲解运用的范围很广，凡是对要求学生完成的技术动作通过附加理由来加以说明的都可采用解释性讲解。

（三）概念性讲解

概念性讲解的特点是教师通过对动作技术进行分析、综合、概括，最后使学生形成并获得动作技术概念。

在体育教学中，当学生获得了对教学内容的感性认识以后，教师要及时地把学生的认识提高到理性认识的高度，即形成概念。概念是学生掌握体育知识、动作技术的前提和基础，也是学生完成技术动作的重要依据。

在体育教学中，概念又可分为基本的知识概念和运动的技术概念。

常用的基本概念有速率、节奏、体质、体格、体能、额状面、矢状面、正中线、屈伸、原动肌、对抗肌、固定肌、中和肌、重心、向心力、离心力、运动量、生理负荷量、生理强度、反应时、灵敏、耐力、柔韧、准备活动、赛前状态、进入工作状态、极点、第二次呼吸、恢复、整理活动、有氧代谢、无氧代谢、乳酸供能、非乳酸供能、水感、球感、脉搏、肺活量、呼吸差、腹痛、岔气、重力休克、中暑、运动性贫血等。

运动技术概念有俯卧式跳高、背越式跳高、蹲踞式起跑、疾跑、途中跑、弯道跑、冲刺跑、小步跑、高抬腿跑、后蹬跑、车轮跑、加速跑、变速跑、跨步跑、间歇跑、复步、前蹬、后蹬、步长、步频、脚内侧踢球、脚背内侧踢球、滑步、变向、急停、双手胸前传球、单手肩上传球、飘球、扣球、垫球、传球、探头球、滑步、提拉球、弧圈球等。

基本知识要领的掌握对体育教学最终的效果有直接的影响。如在体操教学课中，如果学生没有掌握屈足的概念，那么教师在要求屈足时，学生很可能做相反的伸足动作即勾足尖。教师在对基本概念进行讲解时，为了使学生形成正确的概念，可通过直观的方法，使学生对概念形成感性认识。如在上述例子中，教师可通过示范，使学生在脑中建立屈足的概念，并通过讲解与手屈的动作相比较，加深学生对屈足这一概念的理解和记忆。教师在对基本要领进行讲解时，还可通过学生的亲身感受，用生动形象的语言描述建立概念。如教师在对“第二次呼吸”这一概念进行讲解时，可在学生进行完中长距离跑练习后，通过学生的亲身感受，应用语言来唤起学生对运动经验的回忆，建立“第二次呼吸”这一概念。运动技术概念具有某些独有的特征，教师在讲解时可以通过和其他概念相对比来进行讲解。概念性讲解运用得不好，往往造成学生虽然通过教师的讲解明确了运动技术的概念，却不知道这一概念与其他概念之间的联系，或者知道这种联系，但却不知道这一动作技术的特征，这一点必须引起教师的注意。例如，教师在讲解跳高技术动作概念时应与跳远技术动作概念加以对比讲解，给学生阐明这两个技术概念的联系和它们各自的特征。跳高、跳远都需要通过助跑、起跳获得较大的水平速度和一定的起跳高度，这是它们的联系所在，但由于它们的最后目标一个是获得远度，一个是获得高度，所以它们在助跑形式、速度、踏跳脚落地及身体重心的移动等方面都有各自的特征。通过将两者进行对比来讲解跳高技术动作概念，才能使学生真正理解跳高技术动作的概念及实质，进一步认识和掌握跳高技术动作在跳跃运动中的普遍性和特殊性，加深对这一概念的认识。

概念性讲解在体育教学中的运用极为广泛，在教学实践中，许多教师把复杂的要领用精练的语言编成口诀，方便了学生的理解和记忆。概念性讲解除了要准确地阐明事物的本质特征外，还要通过学生的练习，使其对概念的抽象认识向解决实际问题的方向转化。只有经过这一过程，对概念的掌握才能巩固。

（四）归纳性讲解

归纳性讲解的特点是学生通过观察或实际操作，在获得大量的观察资料和感性认识后，教师对它们进行归纳概括，从而形成动作技术概念，得出结论。采用归纳讲解的目的是通过学生的积极观察与思考，引出某种正确的结论或技术动作的概念，使学生在脑子里对教师的讲解留下一幅清晰的图像。

归纳性讲解是一种能够达到多种目的的教学策略。

第一，归纳讲解是形成概念和讲授概念的有效手段。

第二，归纳讲解也是激发学生学习动机的一种有效方法。

第三，体育课上多采用直接讲授的方法，归纳讲解使教学多样化，从而引起学生的兴趣。

第四，由于归纳讲解前必须要鼓励学生进行观察或参与一定的活动，所以它使绝大部分学生都有参加学习活动的机会。

教师在采用归纳讲解时应明确，观察是归纳讲解的必要前提和基础。教师在进行归纳讲解前应要求学生对课堂中提供的全部观察资料进行认真细致的观察，并认真听取学生的提问，鼓励学生发现问题，总结概括，形成概念。教师在学生观察并提出自己的观点后，对来自学生的各种信息进行归纳讲解，形成技术动作概念或结论。在体育教学中，教师应根据教学目标，在课前设计好学生的观察资料和活动，如动作技术图片、教学影视片、示范的动作方法等，通过这些观察资料和实例，使学生获得形成技术动作概念或结论的多种信息。教师课前设计的观察资料的好坏影响着学生所获得的技术动作概念或结论的完整性和准确性。教师在设计观察资料和指导学生观察时，要考虑到学生已掌握的背景知识，指导学生进行观察，提高学生观察的效果。在提倡培养学生分析能力、解决问题能力的今天，归纳讲解在体育教学中具有更重要的意义。它能发展学生的过程技能。对发展小学生的感知技能和观察技能以及中学生的推理技能等方面都有很好的效果。

（五）演绎推理性讲解

演绎推理性讲解的特点是以一个概念或定义为前提，以事件或所观察的资料为依据，通过解释推理或预测推理得出结论。演绎推理的一般形式是三段论法，即以一个前项、一个中项和一个结论来表示。

在体育教学的实践中，教师运用演绎推理讲解得出的结论更易被学生所接受，能使学生加深对技术动作概念的理解，增强结论的可信度；能够培养学生正确的逻辑思维能力。教师在运用演绎推理讲解时，必须满足两个条件：第一，学生必须掌握作为大前提或推理过程起点的抽象概念或定义。第二，学生必须能够把观察到的或记忆中的事实与已有的抽象概念联系起来。

用运用演绎推理性讲解说明后转身动作的技术概念来举例，首先要使学生懂得翻正反射这一抽象概念。当人体头部的位置发生扭转时，会反射性地引起全身肌肉张力的重新调整，上体先翻正，然后腰骶部也跟着转过来。如果学生不知道翻正反射的概念，那么推理的大前提就不存在，教师就无法运用演绎推理去讲解并得出后转身动作的技术概念。因此，教师在运用演绎推理时，一定要考虑学生是否已经掌握成为大前提的抽象概念是十分重要的。其次，要使学生把从电视或其他传媒中观察到的人体转体的动作（跳水运动员的转体动作）、教师或学生的后转身示范动作与翻正反射概念联系起来。获得概念和观察所得的事实后，教师就可以进行从抽象概念到形成结论的推理实践：

大前提：人体具有翻正反射的机制。

小前提：后转身动作要求身体完全翻转。

结论：做后转身动作时，头必须率先转动。

（六）对比性讲解

对比性讲解是把相应的两个方面或几个方面加以对比，指出正误、优劣、差异等。如在体育教学中，时常有数量、质量、姿势、远度、高度等的对比。进行对比讲解，反衬性大、形象具体、感觉鲜明、容易理解、印象深刻，有较好的启发性。

1. 正误对比讲解

在改进和掌握运动技能的教学阶段，当学生练习到一定程度时，教师习惯找出几个运动技能掌握得相对好一点的学生做动作示范，然后再找出几个运动技能掌握得相对差一点、存在典型错误动作的学生做动作示范。在示范之前教师要向学生提出需要思考的问题；在动作示范时，要求学生认真仔细地观察。正确与错误动作示范之后，在师生共同讨论的基础上，教师常采用正误对比的讲解，分析正确动作的特点和错误动作的表现形式，明确正确完成动作的规格要求，找出产生错误动作的原因，提高学生对正误动作的鉴别能力，明确练习中应注意的问题，促进运动技能的学习、改进与提高。

2. 特点对比讲解

特点是指人或事物所具有的独特之处。分析、综合出不同人、不同事物和现象的特点，再进行对比讲解，这在体育教学中也是常用的一种讲解方法。

如教师在讲解直道跑和弯道跑的技术时，可以从两者的上体姿势、两臂摆动方法、蹬地摆脚和跑动的路线进行对比讲解，使学生明确直道跑和弯道跑技术各自的特点与差异，使学生较好地掌握直道跑和弯道跑的全程技术。

又如队形队列的不同步法是同一类动作练习，但不同步法有自己的技术特点。教师要抓住这些特点和关键进行对比性讲解，提高各种步法练习的准确性。

3. 差异对比讲解

从身体指标、健康状况、技能水平、纪律现状、服装、色彩、语言、胜负等差异进行对比讲解，可以帮助学生客观地评价自己、找出差距、明确方向和目标、制订计划、采取措施、稳步前进。

四、讲解技能在体育教学中的运用

掌握讲解技能之后，随之而来的就是教师如何根据教学目标、教学任务和教材内容的特点，并针对学生的实际情况，合理、灵活地运用讲解技能，真正实现讲解的价值和作用。

（一）在应用讲解技能的过程中需注意的问题

1. 课前充分准备是获得良好讲解效果的基础

成功的讲解来自教师课前的认真准备。认真备课是教师获得良好讲解效果的基础，教师课前要吃透教材，讲解内容要精选提炼，讲解的结构和层次要设计好，讲解的顺序要明确，教学的重点和难点要做到心里有数，力争做到循序渐进、承前启后、相互渗透。单元教学计划和教案中所设定的教学目标和任务要明确具体，要配合教学内容选择适宜的讲解方式，确定关键的词语和术语，减少讲课语言的随意性。

2. 全面真实地了解学生，提高讲解的有效性

讲解的有效性，首先取决于教师对学生真实状态了解的程度，如学生的年龄、知识基础、健康状况、运动能力、兴趣爱好、班风班纪等。教师对学生有充分的了解，讲解才能做到有的放矢，才具有针对性。了解学生有利于在设计讲解策略时，把讲和听、讲和想、讲和练与学生的实际情况结合起来，努力达到讲解的最佳效果。

3. 讲解要条理清晰，在不同的教学阶段采用不同的讲解方式

讲解的设计必须有条理，如先讲什么，后讲什么；先讲再练，还是先练再讲；先提问再讲解，还是先讲解再提问等。在不同的教学阶段或对待不同的教学内容时它们应该是不一样的。采用不同的方式可达成不同的教学目的，取得不同的教学效果。

4. 讲解时要简洁精炼，层次分明，重点突出

身体活动是体育教学的本质特征，精讲多练是体育教学的基本要求。因此，教师的讲解必须收到语言简洁、精炼，信息传递清晰，层次分明、重点突出。繁琐的讲解容易被教师察觉，但不易改正，有必要进行有意识的训练。

5. 讲解要与其他教学技能有机结合

讲解是传递教学信息的重要手段，但不是唯一的手段，也不是万能的手段。讲解只有与演示、动作示范、提问、身体语言等其他教学技能有机地结合，不断地变化、呼应，弥补讲解的不足，才能提高讲解的科学性、直观性、形象性、生动性和趣味性，收到理想的讲解效果。

6. 加强教学互动，及时调整讲解技能的要素和类型

教学过程是师生间定向的双边活动。教师在讲解的过程中，要不断捕捉学生的反应，创造师生互动的学习情景和条件，最大限度地让学生参与到教学过程中来，及时获得学

生对教学的反馈信息，以便教师及时调节讲解内容、讲解方式、讲解速度，修整讲解的策略。

（二）讲解技能训练目标

1. 理解讲解技能的概念，了解其功能，掌握讲解技能的构成要素、方法和应用要求。

2. 熟练地掌握讲解的主要类型，能选择设计出适合教材内容和教学对象的最佳讲解类型，并能说清楚选择和编写设计的理由。

3. 编写 8 ~ 10 份各类讲解技能讲稿。

4. 熟练掌握 2 ~ 3 种类型的讲解技能，能做到脱稿用普通话大声讲解，做到用词准确、语言通顺、条理清楚、分析透彻、逻辑缜密。

5. 能辨析出他人讲解的类型，评价其优劣。

第四节　技术指导纠正的技能

一、诊断纠正错误技能概述

（一）诊断纠正错误技能的概念

所谓诊断是指教师在教学中观察学生的动作技能，判定学生动作技能状况及其发展情况。它是教师用眼睛观察学生的动作表现，是一种教育学观察的方法。体育教师对运动技术的诊断能力，是教师对运动技术的掌握、观察、理解等综合能力的体现，不同水平的教师对同一技术动作的诊断，可能会出现不同的诊断结果，因此诊断是体育教师的一项十分重要的技能。纠正是指对诊断出的错误进行改正。教师对学生错误动作如何纠正，诊断是基础，分析原因是关键，纠错方法是保证。诊断纠正错误技能（以下简称诊断纠错技能）是指体育教师根据学生实际练习情况，经过观察、分析和判断，及时发现问题，指出不足，进行评价，帮助改进，促进和强化学生尽快掌握正确技术的教学行为方式。

（二）诊断纠正错误技能的功能

1. 帮助学生掌握正确的运动技能，提高教学质量

使学生掌握一定的运动技能和基本的健身方法，是体育课的教学目标之一。体育课的技能教学就是教师帮助学生掌握技能，指导学生改正错误，形成正确的技能动力定型的过程。其教学实质就是一个不断纠错的过程，通过纠错，使学生掌握正确的动作方法。学生掌握了正确的动作方法，不仅可以有效地提高身体素质，提高协调能力和运动技术水平，而且轻松、自然、协调、优美的动作能使学生对体育锻炼产生极大的兴趣，产生一种美感、自豪感和成功感，从而大大提高体育锻炼的质量。

2. 帮助学生克服困难，增强信心

体育课教学的目标之一是培养学生吃苦耐劳、克服困难的意志品质。当学生学习某项运动技能产生错误、遇到困难时，往往会出现两种情况：一种是学生刻苦练习，认真钻研，锲而不舍，克服困难；另一种情况则是学生练习的积极性不高，畏惧不前。因此，教师帮助学生改正错误动作的过程，就是学生克服困难、战胜自我、树立信心的过程，是学生锻炼意志、培养能力的情感体验过程。特别是当学生通过自己的不懈努力，克服了困难，改正了错误，掌握了运动技能，完成了教学目标之后，学生能获得成功的心理体验和喜悦，心理上得到满足和愉快，从而树立信心，学习劲头更大，练习的积极性大大提高。

3. 减少课堂偶发事件的发生

预防、控制或减少课堂偶发事件（特别是伤害事故）的发生，是每一位体育教师的重要职责。但是教学中时常有伤害事故的发生。其原因是多方面的。除组织管理不当外，其中一个十分重要的原因，就是学生在完成某一动作时存在着严重错误。由于没有掌握正确的技术，在这种情况下进行练习，学生往往会出现伤害事故，受伤的可能性大。而教师及时地纠正学生的错误动作，就能有效地避免由此而引起的伤害事故。

（三）错误动作产生的主要原因

1. 学习目标不明确

学生在学习过程中，如果学习目标不明确，其练习的积极性、主动性必然要受到影响，最终导致学习积极性不高，练习不认真，遇到困难时有畏难情绪和害怕心理，缺乏克服困难的信心和勇气。

2. 动作概念不清

了解动作过程，明确动作概念，是学生掌握运动技能时的必备条件。因此在技能教学之初，教师一定要向学生讲清所授技术的动作过程和动作的概念。否则，学生对所学动作概念不清楚，不能掌握技术要领，必然会出现错误动作。

3. 身体素质差

学生身体素质是掌握运动技能的基础，任何一项运动技能，都对身体素质有不同的要求。由于学生个体间的差异，其身体素质状况参差不齐，因此，教学中身体素质较差的学生，必然会因身体素质达不到掌握基本技术的要求而产生错误动作。

4. 教学方法不当

教师教授同一个技术动作，可能会采取许多不同的教学方法。即使是同一种教学方法，不同的教学对象，不同的教学环境，也可能产生不同的教学效果。因此，学生出现错误动作，可能与教师选择的教学方法欠妥、手段运用不当、组织不利有关。

二、诊断纠正错误技能的构成要素

诊断纠错技能由获取信息的再现能力、分析综合能力、纠错反馈信息的直观性、纠错反馈信息的质量、纠错反馈信息的数量、纠错反馈信息的时间这六项要素构成。

（一）获取信息的再现能力

体育教学是一个复杂的过程，学生在技能学习过程中，表现出的动作往往千差万别，动作完成的质量也参差不齐。教师只有在眼花缭乱的动作中，在学生输出的信息中，获取最关键的、最有代表性的、最能反映学生动作技能本质的、对改进动作最有价值的信息，才能对学生的动作作出科学准确的诊断，进而才能对症下药，提出高质量的纠错方案。因此教师具备准确的观察力和记忆学生错误动作的能力，是教师诊断纠正错误的基础。教师只有具备清晰再现信息的能力，才能作出迅速的判断，进行综合分析，提高纠错的质量。教师要想提高获取信息的再现能力，掌握诊断纠正错误技能，必须通过不断的练习和专门的训练，并在教学实践中积累经验，在实践中锻炼，在实践中提高。

（二）分析综合能力

在传授运动技能的教学中，学生出现错误动作是正常的。当观察到学生出现错误动作后，教师纠错的首要问题就是分析学生产生错误的原因。因为，学生产生错误的原因是多方面的，同一个错误，可能出于不同的原因；同一个原因，也可能会出现不同的错误。教师只有综合分析学生产生错误的原因，才能指出问题所在，才能对症下药，纠正错误。因此，教师的纠错技能中，观察和信息再现的能力是基础，分析综合能力是关键。

（三）纠错反馈信息的直观性

体育教学的直观性很强，中小学生又具有较强的动作模仿能力，具有喜欢接受视觉信息的倾向，因此，教师在纠正错误动作时，应尽量少地使用语言反馈信息，多使用直观性信息，这样更有利于学生接受，更有利于激发学生的学习兴趣，集中学生的注意力。例如，教师可运用不同方式（动作示范、手势、挂图等）向学生提供纠正错误的直观性反馈信息。

（四）纠错反馈信息的质量

纠错反馈信息的质量是指教师在纠正错误动作时反馈信息的精确度和清晰度。纠错信息的精确度是指教师纠正错误时的语言准确性。教师应能准确地、一针见血地指出学生存在的错误，并能够及时提出改正措施，而且向学生提供的纠错信息，应少而精，简而明，形象化简单化，这样才有利于学生接受。例如，学习前滚翻动作时，学生出现错误，诊断原因是“低头、含胸”的程度不够，因此，在纠正错误时教师必须语言准确，强调“低头、含胸”动作。纠错信息的清晰度是指教师纠正错误时不仅语言要简明、精练、清晰，而且纠错信息的内容也要清晰，不能含含糊糊，模棱两可。例如，当学生完成某动作后，教师对学生提供的反馈信息，诸如“好”“不好”“可以”“还行”“凑合”等等，都属于不清晰的反馈信息。其结果容易导致学生接受反馈信息后摸不着头脑，不知所措，不知道所做动作“好”在哪里，“不好”的动作的错误在哪里，自然学生在做下一次练习时也不会产生明显的效果。

（五）纠错反馈信息的数量

在学生学习动作技能或改正错误的过程中，教师纠错反馈信息的数量同样是影响教学效果的一个重要因素。纠错信息的数量是指教师在学生改正错误或学习动作技能过程中向学生提供信息的次数。教师反馈信息的数量受学习阶段、学生理解能力、动作技能性质的影响。就是说，教学的阶段不同，教师纠正错误动作的反馈信息数量也应不同。在动作技能学习初期，纠正错误反馈信息的数量相对较多，随着学生掌握动作质量的提高，反馈信息的数量相对减少。学生处理信息（理解）的能力不同，教师反馈信息的多少也不一样。学生的理解能力强，教师反馈信息的数量可多一点，反之，反馈信息量要少一点。学习动作的性质不同，教师反馈的信息数量也不应相同。有时需要教师不断地提供反馈信息，有时则需要间断地给学生提供反馈信息。

（六）纠错反馈信息的时间

在纠正错误的过程中，按照学生练习时间，可将教师提供纠错信息的时间分为练习中反馈和练习后反馈两种。练习中纠错信息又称同步反馈信息，是指学生在练习过程中教师提供纠错的反馈信息。在体育教学实践中，同步反馈是教师在纠错和技能练习时经常采用的方法之一。例如，广播操、健美操、武术、体操中的部分动作，篮球的运球教学等都能进行同步反馈。

练习后纠错反馈是指学生完成一次练习后，教师提供纠错信息。学生练习后间隔多长时间后教师指导时效果最佳呢？目前还没有一个科学的界定，但应该说，学生练习后教师纠错信息的时间过短（1 ~ 5 秒）或过长（超过 60 秒）都将影响纠错信息的质量。因为，人们短时记忆储存系统受时间和注意力的制约。时间过短，学生此时大脑皮层还处于极度兴奋的状态，运动中枢高度兴奋，导致听、视觉中枢的抑制，这时学生对信息的接受率较低；如时间过长，容易导致人体本体感觉的痕迹效应消失，学生自身内反馈获得的完成动作的信息逐渐淡漠，加之外界干扰，易引起学生注意力分散，所以这时的信息接收率也较低。一般情况下，教师应在学生练习后 10 ~ 20 秒提供纠错信息。

三、诊断纠正错误技能的类型与方法

体育教学中诊断纠错的类型多种多样，其方法也不尽相同。根据教师提供纠正错误时反馈信息的性质、形式、内容和时间等的不同，可分为以下类型与方法。

（一）语言反馈纠正

教师通过语言的形式向学生提供纠正错误的反馈信息，常采用以下方法。

1. 语言强调法

当学生产生错误的原因是动作概念不清时，教师多采用语言强调法，即教师通过进一步讲解动作要领，强调动作要点，来加深学生对动作概念的理解与记忆，帮助学生建立正确的动作概念。

2. 形象比喻法

形象比喻法就是直接把某种事物说成像另一种事物，即通过事物或观念间的彼此取代，把熟悉的事物与不熟悉的事物联系起来。在体育教学中，常以具体形象的事例将所述对象与概念联系起来，从而使之更有说服力。形象比喻法能促进视觉表象与运动表象的紧密结合，所以，当发现学生因技术概念不清而出现动作错误时，可用形象比喻法指出错在哪里，然后再纠正。例如在跳箱支撑跳跃教学中，学生常出现支撑跳跃推手慢的错误，这时教师可把跳箱比喻成烫手的火炉，这样学生练习时就会自觉地加快推手的速度，从而改正错误。

3. 信号刺激法

在学生练习时，教师发出适宜的语言信号刺激，可使学生技术动作的节奏更为精确。如跨栏跑的栏间跑节奏，“哒—哒—哒”；跳高的助跑节奏，“哒—哒—哒—哒、哒”；跳远助跑最后几步节奏“哒—哒—哒、哒”等，教师可采用语言或击掌的方式来纠正学生动作节奏慢的错误。

4. 正误对比分析法

为了使学生对正确和错误动作有一个清楚的认识，教师可采用正误动作对比分析的方法，指出正确与错误动作的差异之处，并帮助学生分析其产生的原因，提出纠正的方法。

5. 补充任务法

在学习某一动作技术的过程中，当教师发现学生某一技术细节出现问题时，可采用补充任务法，即教师提出一个简单易行的要求或方法，帮助学生纠正错误。当学生按照教师的要求成功地完成了补充任务后，错误动作会随之得到改进。如推铅球教学时，学生推球时易犯出手点低的错误，原因是推球时低头，此时教师补充一个“让学生推球时眼睛朝前上方看”的要求，学生按照教师的要求完成动作，使推球出手点低的错误得到及时的改正。

（二）动作反馈纠正

教师通过示范、身体姿势、四肢动作、手势、面部表情、眼神等给学生提供纠正错误的反馈信息。常采用以下方法。

1. 重复示范法

教师发现学生出现错误后，通过观察分析认为，学生的错误可能是由于对所学技能概念不清所致。这时教师可重述动作要点，再做示范动作，通过正确的示范，进一步加深学生对技术的理解，从而帮助学生改正错误。

2. 正误对比法

正误对比是教师在做出正确示范动作之后，将学生做错的动作模仿展示出来，帮助学生对容易混淆和难以掌握的动作加以辨别和掌握。通过正误动作的对比，让学生进行比较、鉴别，找出错在哪里，是怎么错的，然后加以改正。例如为了改进跳远起跳中最后两步的步长和节奏，可将“哒—哒、哒哒”的节奏与“哒—哒—哒”的节奏加以比较，学生便能领会到采用“哒—哒、哒哒”的节奏更有利于快速起跳。

（三）条件反馈纠正

1. 诱导练习法

针对学生练习过程中的错误动作，教师“对症下药”地选择一些诱导练习，能有的放矢地改进学生的错误动作。如进行背越式跳高过杆技术教学时，学生常出现杆上屈髋的错误。为此，教师可设计纠正错误的诱导练习：① 躺在垫上做挺髋练习；② 在教师帮助下做原地起跳过杆练习；③ 短程助跑起跳，跳上辅助架练习。这些练习主要让学生体会杆上身体成反弓时的肌肉用力的感觉，从而帮助学生改正杆上屈髋的错误。

2. 辅助练习法

由于学生身体素质差而产生错误时，教师可有针对性地采用一些辅助手段，加强学生某一部位的身体素质或巩固薄弱环节，通过辅助练习改进错误动作。如在快速跑的教学中，学生出现屈腿蹬地跑的错误，此时教师可采用后蹬跑、单足跳等练习发展学生的腿部力量，进而改正学生屈腿蹬地跑的错误。

3. 降低难度法

当学生产生错误的原因是由于身体素质差或心理紧张时，教师应适当降低练习的难度，通过降低难度达到纠正错误的目的。例如，跨栏教学中，可用降低栏高或用橡皮筋代替栏板等方式减少学生的紧张畏惧心理，从而帮助学生改进错误动作。

4. 附加条件法

为了有效地改正学生的错误动作，练习中教师常附加一些条件，如通过附加条件的变化刺激，加强诱导，促使某些错误动作得到纠正。例如，教师为了有效地改正学生跳远起跳时蹬伸不充分的错误，练习中可采用起跳板起跳。

5. 教具矫正法

教具矫正法是指利用教具加强指示正确动作要求，限制动作方向，从而纠正错误动作的方法。例如，在短跑起跑教学中，学生常出现听到信号后起身就跑的错误，为了改正学生这一错误，教师常利用一根长竹竿来限制学生起跑后身体过早抬起的情况出现。

6. 直接帮助法

在技能教学之初，学生独立完成动作往往有一定困难，完成动作时常伴有一些错误，此时教师如能给学生施以合理的帮助，就能使学生更好地改进或掌握动作技术。如为了纠正跳远。起跳时起跳腿蹬伸不充分的错误，教师可站在起跳板旁，当学生起跳瞬间，用木板或手轻推一下髋部，让学生体会此时起跳腿的蹬伸动作，通过教师的直接帮助，能有效地改正学生起跳蹬伸不充分的错误。

（四）暗示语反馈纠正

1. 心理念动法

当学生产生错误的原因是因为对动作概念不清，或表象动作不准确，或受习惯动作干扰时，可采用心理念动法纠正错误。即让学生默念某动作过程，并在脑中回忆动作表象，诱发自身相应的运动器官，从而使难以体会的动作得以实现。如在背越式跳高过杆教学中，学生过杆动作有明显错误，教师可有意识地让学生集中回忆过杆时的正确动作表象，并结合默念“抬头、倒肩、展体、挺髋、甩腿、离杆”的动作顺序，使学生在熟悉动作的过程中，结合对肌肉用力的时间、空间、方向、力量等因素的理解，通过回忆获得相应的肌肉运动感觉，从而达到实现纠正错误动作的目的。

2. 自我评价法

学生在练习过程中，可经常对自己的技术动作进行体验、感觉、观察，通过与标准动作的比较，作出客观的评价，进而独立采取合理的控制与调节措施，达到纠正错误动作的目的。例如，在前滚翻技术练习过程中，如滚动的方向不正，则表明蹬地用力不均或两手推垫力量不均。又如在推铅球的过程中，铅球落地后向前滚动速度太快，则表明出手时的水平分速度过大，而垂直分速度过小，即出手角度偏小；相反，如铅球落地后原地不动或滚动距离很小，则表明出手时角度过大。

3. 同步、即时、延时反馈纠正

根据教师指出纠正学生错误的时间，又可分为同步、即时、延时反馈纠正。教师在学生练习过程中指出错误被称为同步反馈纠正。学生动作练习结束后，教师立即向学生提供纠错反馈信息称即时反馈纠正。学生动作练习结束后，经过一段时间间隔，教师再向学生提供纠错反馈信息称延时反馈纠正。

四、诊断纠正错误技能在体育教学中的运用

（一）在教学中运用诊断纠正错误技能的基本要求

1. 钻研教材，提高示范能力

教师必须认真钻研教材，熟悉各项技术动作过程、动作结构、技术重点和难点，建

立正确的动作概念，掌握正确的动作标准，了解教学中易犯的错误，不断提高示范能力。

2. 认真备课，精选教学方法

教师要认真备课，预测教学中可能会出现的各种错误，并根据教材特点和学生实际，充分运用和精心设计一套行之有效的诱导性练习和专门性练习，精选教学方法，从而减少因教学方法使用不当而出现的错误。教学实践表明，行之有效的诱导性练习和专门性练习，对于学生较快地获得本体感觉，领会动作要领，体会动作的用力顺序和程度，掌握时间与空间的联系，增强学习信心都能起到十分重要的作用。

3. 加强教育，精心组织管理

教师要经常对学生进行教育，要始终保证学生具有高昂的学习热情、积极的学习态度、勤学苦练的精神以及渴望学习的欲望，树立不怕吃苦、不怕困难、勇攀高峰的雄心；同时要精心组织管理，通过一系列有效措施，建立良好的教学秩序、和谐的教学环境，消除学生在学习中的一切不健康的心理因素，如爱面子、怕丢脸、畏惧等心理，使学生在一种良好的心境中顺利地学习和掌握动作。

4. 善于观察，勤于思考

教师要善于观察，勤于思考，注意选择观察的位置、观察的时机、观察的部位，不断提高自身的观察力、记忆力、表象再现能力和逻辑分析归纳能力。教师的诊断要及时、准确，要综合分析学生产生错误动作的原因，并熟练掌握诊断纠错的基本方法和技能，不断提高诊断纠错的能力。

5. 综合分析原因，抓住主要矛盾

教学中学生出现错误动作属于正常现象，其原因是多方面的。纠错的关键是教师应在诊断的基础上，综合分析学生产生错误动作的原因，找出主要因素，抓住主要矛盾，做到有的放矢。教师要根据错误产生的原因、教学的不同阶段、学生掌握技能的不同情况，采用不同的纠正方法，切忌就事论事，只做表面文章。另外，一旦找出形成错误动作的原因，应及时纠正。特别是对一些主要错误和共性错误，教师应立刻停止学生练习，进行集体纠正。教师在纠正学生错误动作时，一定要耐心细致，循循善诱，热情帮助，给学生指出问题，讲清道理，分析原因，提供方法。切忌不闻不问，挖苦讽刺，伤害学生的自尊。

6. 掌握科学方法，提高纠错反馈信息的接受率

纠正错误动作的方法有多种，每一种方法都有不同的作用，教师一定要在综合分析错误动作产生的原因的基础上，合理地运用不同的纠错方法，做到有的放矢，对症下药。同时要加强纠错反馈信息的正确性和可信度、直观性和多样性、明确性和清晰度，处理好纠错反馈信息的数量和强度，把握好纠错反馈信息的时机，从而提高学生对纠错反馈信息的接受率。

（二）诊断纠正错误技能训练目标

1. 理解诊断纠正错误技能的概念和功能，掌握诊断纠正错误技能的构成要素和基本要求。

2. 熟练掌握各项运动技能教学中的易犯错误及纠正方法。

3. 熟练掌握语言、动作、条件等纠正错误技能的基本方法。

5. 能初步诊断他人所做动作的错误，评价其优劣。

第五节　口令技能

口令是体育教师口头发布命令的一种语言形式，属于体育教学中特有的专业性教学语言，是体育教师的基本功和必须掌握的一项基本教学技能。清晰，洪亮，激昂，充满精、气、神的口令，可以使学生心情开朗、精神焕发、神采飞扬，可以使整个教学过程显得生机勃勃，情趣盎然。因此，口令又是体育教师的一门语言艺术。

一、口令技能概述

（一）口令技能的概念

口令属于体育教学中特有的专业性语言，是体育教学中最具特色的语言形式。口令由字、词和数字以固定式的语言节奏方式组合而成，所以，教学口令也是表达一定的语义和传达思想感情的一类教学行为。口令技能是指体育教师发布命令的一种语言形式，是一种特定的提供指导活动的语言行为方式。

口令的表达是通过声音的长短、高低、强弱、间歇的变化，以命令和要求的方式有效地指挥学生活动的教学手段。口令语言与教学基本语言有许多共通之处，如吐字、发音、语速等，但在音量、音域等方面与教学基本语言有明显差异。从某种意义上讲，口令是体育教师的一门语言艺术，是夸大了的抑扬顿挫的延续。优秀体育教师的口令声音清晰、洪亮，声情并茂，优美动听，给人以美的享受。

（二）口令技能的功能

1. 高度集中学生的注意力，调动学生练习的积极性

在体育教学中，口令往往与教育、组织、讲解、动作示范、练习等教学手段交替使用。正确地掌握和运用口令，可以不断调整学生的动作和行为，使之按教师教学节奏的变化顺利地完成教学任务和达到教学目标。例如，体育课的队伍调动，队列练习，队形变换，基本体操节拍的控制和呼喊等。

2. 保证教学秩序和教学环境的紧密结合

正确地掌握和运用口令，能保证正常的教学秩序与教学环境之间的紧密结合，使学

生在紧张、活泼、安全、良好的教学气氛和环境中去学习、锻炼、陶冶情操，达到身心全面发展的育人目的。

3. 保证课堂教学的组织和练习令行禁止

正确地掌握和运用口令，能使体育课的队形调动，队列练习，队形变换；基本体操节拍的控制；田径、体操、武术、球类等练习内容的进行和停止及练习手段等更符合教学要求，达到令行禁止的效果。

例如短跑起跑练习的口令“各就位——预备——跑!”；投掷练习的口令“预备——投!”；队列练习的口令“向后转——走!”；基本体操练习的提示口令“左、2、3、4；右、2、3、4；5、6、7、全身运动”等。

（三）口令的分类

口令按练习类别可分为队列口令、徒手操口令、田径口令、武术口令等。根据下达口令的内容和方法，又可分为短促、断续、连续和复合口令。

1. 短促口令

短促口令的特点是只有动令，发音短促有力，不论几个字，中间都不拖音，不停顿。通常按音节（字数）平均分配时间，有时最后一个字稍长。例如“稍息”“立正”“起立”“坐下”“投”“跳”“左转弯”“集合”“解散”等都是短促口令。

2. 断续口令

断续口令的特点是预令和动令之间有停顿（微歇）。例如“第×名，出列”“预备、投”“预备、做，1、2、3、4……”等。

3. 连续口令

连续口令的特点是预令的拖音与动令相连，预令拖音稍长，动令短促有力。有时预令与动令之间有微歇。例如“跑步—走”“向右—转”“成二路纵队向左转—走”等。

4. 复合口令

复合口令兼有断续和连续口令的特点。例如“以×××为基准，向中看齐”“左后转弯，跑步—走”。

二、口令技能的构成要素

口令虽然在口令词多少、呼喊的方式方法、口令的节奏变化等方面有所不同，但口令技能都是由吐字发音的正确清晰、口令的音节、语速和间歇、口令的音量、口令的音调变化和口音的节奏五个要素构成的。

（一）正确、清晰的吐字发音

1. 用词要正确、规范。例如跑步时向后转的口令是“向后转—走”，而不是“向后转一跑”。吐字发音要准确、清晰，不能有任何一点含糊不清的地方。

2. 口令发音的部位要正确。呼喊口令时用胸音和腹音，胸音多用于下达短促口令，例如“起立”“报数”等；腹音（下丹田音）多用于下达带拖长音的口令，例如“齐步—走”“向后转—走”等。

3. 要用普通话发音，力求避免地方方言的痕迹。

4. 根据口令发音特点，合理发音。汉字的念法可分四声（阴平、阳平、上声和去声），第一声阴平是平直发出，所以第一声发出的声音响亮、有力，其他三声相对稍差一些。因此，动令中的字，不管遇到哪一声，发布口令时，最好用第一声发出，这样既能使声音短促有力，又能省嗓子。例如“向右—转”“向后—转”等的“转”字，按字声是第三声或第四声，但发口令时应改为第一声，用“砖”字发音；“齐步——走”“跑步——走”的“走”字，按字声是第三声，但发口令时应改为第一声，用“邹”字发音；“立正”的“正”字，按字声是第四声，但发口令时应改为第一声，用“征”字发音。

（二）口令的音节、语速和微歇

1. 掌握好音节就是呼喊口令时要有节拍，如同音乐的音节一样。

2. 语速是口令语言呼喊速度快慢的变化，要根据练习动作的性质和要求变换语速。例如徒手操伸展运动，口令的呼喊应稍长而慢；跳跃运动，口令呼喊应快而有力；行进间徒手操，口令的呼喊要符合走、跑、跳的节奏。

3. 微歇一般是为了提示学生引起注意或是有所准备。例如“伸展运动，预备，起。1、2、3、4……”这个口令语言的“伸展运动”“预备”“起”之间，为了提醒学生，必须加微歇。又如“第一队同学，向前三步走！”为了给学生有准备的时间，使完成的动作更整齐，“第一队同学”和“向前三步走”之间必须有微歇。

（三）口令的音量

合理控制音量的大小，可以使口令清楚、优美、省力。学生人数的多少、队伍离教师的远近和周围环境的影响等对口令音量大小的要求不同。但教师口令呼喊音量的大小应以让全体学生听清楚为准。

（四）口令的音调变化

呼喊口令时音调要有一定变化，口令声音的高低升降、抑扬顿挫的变化，可以较好地表达口令的内容和教师的思想情感，引起学生的注意和兴趣。例如有预令和动令的口令，一般起音相对音调要低，音量不大，然后由低到高拔音，音调升高，音量逐渐加大。如“齐步—走”口令的“齐”字起音时稍低，音量不大，“步”字开始上拔音，音调提高，音量加大，动令“走”字，音调高，音量大。另外，为了突出主音，在呼喊口令时，要把重点字的音量加大，加重。如“向后—转”，要突出“后”字；“向前 X 步走”要突出步数。

（五）口令的节奏

口令作为一个语言过程，必须有自己的开始、高潮和结束，在音量、音调、语速、间歇上的变化，综合表现出口令语言的节奏。例如准备活动与整理活动徒手操口令的呼喊节奏是不同的，前者节奏相对较快而有力，后者较慢而放松。

三、口令技能在体育教学中的运用

口令既然是教师对学生发布的口头命令，就应与普通的对话有区别。好的口令既能使学生感受到一种强烈而良好的刺激，又能使学生神经系统兴奋，注意力高度集中而不感到紧张，这种刺激能促使学生做出准确的行动反应。体育教师发布的口令要充满生气、准确、清晰、洪亮。

（一）在教学中运用口令技能应注意的问题

1. 发音正确，声音洪亮，用词准确、规范

发口令时，要使发音器产生共鸣，避免只在喉底发音。发短促口令时一般用胸音（即胸隔膜音）；发带拖音的口令时，一般都用腹音，发音时由小腹向上提气。

2. 预令清晰、洪亮、悠长

预令必须清晰、洪亮且带有一定的悠长的拖音，使学生听清楚动作的内容，了解教师的意图，及时做好充分的准备。预令切忌吐词不清，使学生无法理解。

3. 动令短促、洪亮、果断、有力

动令是动作开始的命令，因此必须以坚定有力、不容置疑的、必须执行的语调下达。预令至动令之间的间歇时间要根据学生人数的多少和分布范围的大小决定。人数多、分布范围大则间歇时间长，反之则时间短。

4. 要突出方向和教学的主音

下达口令时，对表示动作方向和数量的字，要加大音量并叫喊得特别清楚。如“向前三步—走”的“三”要加大音量，“向右转”和“向后转”的“右”和“后”要清晰可辨。

5. 口令呼喊富有情感、音量适中、节奏感强

口令的音量不要平均分配。一般来说，口令的起音稍低，逐步向高拔音。如“向右看—齐”的“齐”字，发音要高亢有力，最后一个音有向脑门上“冲”的感觉。音量的控制应以使全体学生听到、听清为原则。

6. 口令要坚定果断，一次见效

在指挥学生开始或停止练习，要求学生应该怎么做和不应该怎么做时，教师发布口令要严肃、坚定、果断，使学生做到有令则行，有禁则止，必须一次见效。教师在下达口令前，要注意时机，不可在学生毫无思想准备的情况下，突然下达口令。因此，教师

在下达口令前要使学生注意力集中，如提示“注意了”或鸣一声口哨，然后再下达口令，使口令一次见效。教师的口令要具有权威性，斩钉截铁，不容置疑，不能模棱两可、优柔寡断。

（二）口令技能训练的目标

1. 掌握口令命令的基本理论知识，熟练掌握口令技能的构成要素和运用要领。
2. 能熟练运用各类口令技能。
3. 通过实际训练，具有带领学生做大型广播操的基本能力。
4. 口令声音洪亮、果断有力、节奏感强、富有情感。

第六节　体育教学组织技能

一、体育教学组织概念

体育组织技能是指人在体育活动中，在掌握一定的体育知识、技术和技能的前提下，能组织其他人从事各种运动的本领。能力只有在实践中才能得到锻炼和提高。因此只有让学生亲身实践，才能让学生的组织能力得到锻炼。在体育课教学中一定要保证每位同学都能参与进来，都能够亲自组织其他同学进行体育活动，将组织能力纳入到体育成绩的考核评价中，增强同学们锻炼组织能力的积极性，为将来的工作奠定一定的基础。

二、体育教学组织形式分类

根据平时的教学实践，分组教学是按一定标准将学生分成几个小组，以组为单位进行教学指导。这种组织形式既保留了班级教学的长处，又能在一定程度上解决区别对待的问题。《课程标准》明确指出：“体育课程应充分注意学生在身体条件、兴趣爱好和运动技能等方面的个体差异，根据这种差异性确定学习目标和评价方法，并提出相应的教学建议，从而保证绝大多数学生能完成课程学习目标，使每个学生都能体验到学习和成功的乐趣，以满足自我发展的需要。”根据这一精神，在体育教学中我们应更多地客观从学生的学习实际出发，按照他们的体能和运动技能、兴趣和爱好等情况，让学生自低到高的自我择组定位，从而使教学贴近于他们的实际，使不同学生的不同需要得到满足。

分组教学通常是以性别、体能、技术、兴趣等因素来进行划分的，下面分别进行介绍。

（一）性别分组教学

性别分组是根据男女学生生理和心理差别进行的一种分组，这既考虑到不同性别学生生理和心理的差别，又考虑到教师个人特长的发挥。如选修内容的教学中，让男生选择武术、足球等，女生选择健美操、艺术体操等。通过这种方式进行性别分组教学。这种分组形式适用于教师数量和场地器材设备不足的学校，适用于高初中、小学高年级的教学。

（二）体能分组教学

体能主要是指身体素质、运动能力。按体能分组是根据学生不同的体能（好、中、差）情况进行的，针对性强，从体能角度考虑授课的区别对待，又具有一定的灵活性。分组可以是固定的，即某一节课或某个单元，始终按体能分组形式组织教学；又可以是临时的，可根据教材、课的类型，随时进行分组。

如耐久跑教学中，按体能分成三组（体能好、中、差，运动量由大到小）教学；又如跨越式跳高复习课教学中按学生实际能跳的高度，临时组成四个高度递升的组别进行教学。这种分组教学既能使体能好的学生“吃得饱”、体能中等的学生“吃得好”、体能差的学生“吃得了”，又能充分利用学校的器材。

（三）技术分组教学

根据学生对某一技术的达成度进行分组。技术分组又可分为临时、固定、晋升分组。临时分组是根据学生动作练习的好差决定的，而固定分组是在临时分组基础上进行，局限于某课时或某单元的教学。这种固定分组在一定条件下，还可以再进行晋升分组。

如在前后滚翻的教学中，依学生掌握动作的情况分成甲、乙、丙三组，甲组训练完成全套动作，乙组巩固动作，尽力做好全套动作，丙组正确完成动作。通过练习后乙、丙组完成较好学生的晋升到上一组。这种分组教学从学生掌握动作的情况考虑，具有灵活性、针对性、实效性的特点，但在性别分组的基础上进行时又有一定的局限性。它适合于复习课的教学，但对技术要求不高的教材授课和身体素质训练等不适用。

（四）兴趣分组教学

根据学生不同的兴趣爱好进行分组。如在发展腿部力量的教学中，提供立定跳远、跳短绳、单脚交换跳、跳橡皮筋、跑步等多种活动形式，供学生选择，分组练习。它的特点是有利于培养学生个性、发挥特长。最适合于选用教材、传统项目课的教学。

三、利用高师体育课培养学生组织技能

（一）分时段地适宜安排组织能力培养教学

1. 利用准备部分培养学生的组织能力

体育课的准备活动部分，是体育课教学中的重要环节和必要环节，在体育活动中具有非常重要的作用，主要以集体的形式进行。让高等师范院校学生，在课堂的准备活动部分自己带领队列进行训练、跑步、做热身操、游戏等项活动，不但能养成学生良好的教态，掌握准备活动的基本知识与技能，而且是培养他们组织能力的比较可行和有效的

途径。体育课准备活动的内容比较灵活，方法简便易行，大多数师范生在经过体育老师一定的培训和指导后都能够自行组织准备活动，师范生通过自己组织体育活动能更好地熟悉体育的专业术语，对今后走上工作岗位组织班级体育活动有重要的帮助，为师范生将来成为一名合格的中小学教师奠定良好的基础。

组织能力是以语言指挥为前提的，体育老师调队、整队以及口令的下达都是干脆、响亮和坚决的。通过体育课，对师范生加强调队、整队的训练可以使师范生在今后走上工作岗位组织班级体育活动时，能更自如、更有效地调动班级队伍，更从容地管理班级体育活动。

可以把调队、整队作为准备活动的一部分，首先体育教师应该在本学期第一节课的时候对调队、整队进行详细的讲解和演示，以满足同学们课下练习及今后体育课上展示的需要。在接下来的体育课教学中，体育老师每节课随机抽取两人对本班的学生进行队列的调动和队形的变化的演示。老师向学生出题，让学生通过自己队伍的调动从当前位置调动到老师指定的位置，观察并评价每位同学调动的合理性及口令下达的准确性和果断性。

老师要考虑到教学时数和学生人数的关系，合理组织学生进行演练，使每个同学都能得到锻炼，并且老师要采取随机的方式让学生进行演示，这样可以使学生课下加强练习，每位同学都能在课下积极练习。老师对每位学生出的问题和调动的方位应该有所区别，锻炼学生的临场反应能力和良好的心理素质，提高学生对突发事件的应对能力。

热身活动应尽量由学生自己完成，老师可以先规定热身活动的内容，例如：每次热身活动可以选择绕操场慢跑两圈以及跑步之后的热身操练习，也可以自己组织学生做游戏，但必须保证运动量达到热身的目的。

老师先对本班学生进行分组，按照班级人数尽量保证每人每学期要参与组织一次。例如：三十人的班级可以选择三人或是两人一组，保证每个小组成员在本学期都能参与到活动的组织中；老师每次在前一节课的下课前指明一小组的同学负责下一节课准备活动的组织，该小组成员在课下积极准备，认真探讨，制订出一套热身活动方案。本小组成员在带领本班同学训练时小组中的成员轮流担任，可以先由本小组一人负责具体指挥学生运动及游戏的进行，剩余成员可以参与到以后学期的活动组织中，保证在体育课上课期间每人都能带领本班学生训练一次，让每个同学都参与到具体的活动中。每位同学组织完活动后老师要根据活动的组织情况进行打分，并且打分成绩计入该同学最终体育课的总成绩。

在这一环节应注意有如下几个问题：首先，老师要合理分组，以保证在体育课上课期间每位同学都能亲身实践，组织一次本班同学的准备活动，并且，老师要根据每位同学的实践情况组织本班同学进行点评和分析，最后由老师作总结和评价，以便同学们能够看到自己的优点，发现自己的不足，促进同学们更好的进步；其次，本组学生在课下要齐心协力，认真准备，确定出较为合理的运动项目，制订较为完善的运动方案，为下一节课的准备活动的组织做好充分的准备，以确保准备活动顺利有序地进行；最后，老师要制订相对客观和科学的评价标准，并对每位同学的组织情况进行打分，打分要客观公正并将此次成绩计入最终体育课总成绩，以对每位学生进行较为全面的评价。

2. 利用基本部分培养学生的组织能力

利用基本部分培养学生的组织能力，主要是将学生先分成每组人数相等的组，在分组时教师要考虑到学生个体之间的差异，比如：身体素质差异、兴趣爱好差异、学习能力差异等，尽量将学生分成人数相等、水平相当的几组。小组成员要团结一致，在老师的安排下紧跟课的任务，运用合理的方法按照老师的提示及时完成课堂的任务，实现教学目标。首先各小组之间进行互评，指出各组的问题，然后老师及时对各小组学生的组织情况进行必要的点评及总结，及时指出问题并提出改进的方法。这样在分组教学中让学生充分发挥主体作用，亲自组织教学，指导小组成员学习运动技能，体验学习的快乐并激发学习的兴趣和主动性。

具体实施步骤是：在做完准备活动，老师讲解完所要学习的运动技能的要领后，按照预先的分组方案，各小组由本节课的负责人带领本小组按老师上课规定的任务和目标，进行运动技能的学习和巩固。在学习过程中本节课的组长是主要负责人，负责组织本小组对老师讲解的动作技能进行讲解及示范，并指导同学们练习，在练习过程中该小组其他成员也应当参与到教学内容准确性的探讨中，对有些地方可以提出质疑，针对疑问，小组成员互相探讨，力求动作的准确性。学生练习过程中老师可以巡回指导，对于学生学习过程中出现的问题进行及时的修正，以求学习有更大的进步；学生在练习过程中应当及时总结，并把问题反馈给老师，老师对于学生练习过程中出现较多的问题进行及时的总结纠正。并让各小组进行互相点评，并提出一些创新的意见，各小组在互相评比中认识到自己的缺点和不足，吸取别人的长处，争取自己能不断进步，以利于下一单元的学习。

同学们经过分组每个组员共同组成一个友好、团结、亲密的集体，每个成员都是该群体的主人，所有成员有着共同的奋斗目标，成员间互相学习，互相帮助和互相促进，共同进步，每个人都能通过发挥自己最大的能力来提高自己，同时尽力指导和帮助别人，学生通过体育课的分组练习，不仅学到了体育基本技术，完成了教学大纲要求，而且通过带领小组成员练习，锻炼了自己的语言表达能力、教学组织能力，在学到知识的同时使自己各方面的能力都得到了锻炼和加强。

3. 利用结束部分培养学生的组织能力

体育课的结束部分是体育课的有机组成部分，是体育课不可缺少的环节。一方面，对学生一节课下来疲惫的身心起到放松及恢复的良好作用，另一方面，也是对课堂进行总结评价的环节，同时对下一节课有着指导和衔接的重要作用，在体育课的各环节中占有重要地位。

结束部分不应该拘泥于形式，只要是能让学生的身心得到休息及放松的活动都可以应用于结束部分，比如：游戏、舞蹈、意念放松、按摩等形式均可被用于结束部分的放松。结束部分培养学生的组织能力的方式与准备部分培养学生体育能力的方式之间有相通的地方。都是由小组成员带领同学们做放松练习，老师最后进行点评及总结，并将同学们的组织情况进行点评打分。

4. 通过组织小型班级活动培养学生的组织能力

能力只有在实践中才能得到提高，为了提高学生的组织能力，院级或系级的体育活动可以由学生自己负责组织。教师只在一旁进行必要的指导和帮助，这样，可以提高学生组织与管理的能力，使他们能更快地适应未来工作的需要。

为贯彻“阳光体育运动”，真正保证学生每天一小时的体育活动时间，让学生到室外享受阳光，各中小学校都必须组织学生开展丰富多彩的课外体育活动。在老师的协助下，每个班级选出 3 ~ 4 人（应该先从有一定组织能力的学生中选出）组成竞赛组委会。制订一个星期的小型活动的计划并组织开展活动。项目选择不宜过多，1 ~ 2 项即可。两至三周互后重新由各班选出竞赛组委会成员(注意保留原有组委会 3 ~ 4 人,有利于开展工作)。学生组织体育活动包括如下内容：

由于季节、场地器材等条件的限制，学校可以安排一些灵活多样的小型比赛，项目可以是游戏、跳绳、拔河、踢毽子、健美操、体质健康标准测试、各类球类比赛等，保证项目的多样性、丰富性，充分调动同学们的积极性和参与体育运动的热情。

学生在组织体育活动时要遵循公平、公正、安全的准则，强调同学们之间的团结协作。首先要明确自己的分工，对职责范围内的内容要非常清楚。最好在开展活动前模拟演练一次，可以对组织活动过程中的突发事件有所准备，不至于出现突发情况时自己会手忙脚乱，可以确保组织活动的顺利进行。在培养学生组织能力的教学实践过程中，学生通过一个又一个设定目标的实现，会越来越接近成功。学生通过长时间的锻炼和培养，组织能力会有不同程度的提高。因此只有让学生真正积极参与提高组织能力的各项活动中，他们的组织能力才能真正得到锻炼和提高。

四、注意内容强度的适宜

体育课的强度必须造成一定的运动负荷，教师在上体育课时对学生的生理效应过分关注从而忽略了学生的心理效应的做法是有失偏颇的，而毫不关注学生的生理效应则是从一个极端走向了另一个极端。教师在体育课教学中安排一定的运动负荷既是身体锻炼和运动技能掌握的需求，也是保证学生身心健康发展的需要。

准备活动部分：不管是采用跑步还是组织游戏的准备活动都要注意强度一定要适宜，不能过大也不能过小，过大会让学生感到疲劳，从而不能很好地进行基本部分的教学，过小会起不到准备活动的作用，达不到准备活动的目的。

基本部分：此部分一定要达到一定的运动量和运动强度，在完成教学任务的同时要起到锻炼身体的作用。身体的锻炼和组织能力的培养要两手抓，不应只注重身体锻炼的效果或只注重组织能力的培养。要使体育课的功能最大化，在发挥体育课的基本功能和实现体育课的基本目标的同时，达到锻炼学生组织能力培养的目的。

结束部分：此部分主要是对学生疲惫的身体和紧张的肌肉进行放松和恢复，老师带领学生做一些小强度的身体活动即可，也应根据课的内容安排此部分的运动强度，若本节课练习内容为短跑则应适当增加一些放松练习时间，让学生的身心更好的放松；若本节课内容强度不大，进行一些简单的放松即可。

五、注意评价的全面性和合理性

对学生的评价是一条撬动学生发展的无形杠杆，正确的学习评价可以培养人才，造就人才，错误的学习评价则可能扼杀、埋没人才。评价不仅要关心学生的学业成绩，而且要发现和发展学生各方面的潜能，了解学生发展中的需求，帮助学生认识自我，建立自信。

对学生最终的成绩评定一定要做到客观、全面、合理，制订一套比较合理的评价标准。在评价标准的制订上尽量做到定性评价与定量评价相结合、终结性评价与过程性评价相结合、绝对评价与相对评价相结合，突破仅以学生掌握动作技术、技能情况作为评定学生的体育课成绩的常规评价方式，把学生的体育知识水平、技能掌握水平和组织能力水平共同列入学生体育课总成绩的评定中。以往的评定方式把学生一刀切，致使天生身体素质好的同学不需太多锻炼即可得高分，而身体素质本来差的学生再怎么努力仍然难以达到合格标准，给同学们身体和心理上造成很大的负担。

从学生组织能力的培养出发制订的评价标准，体现出了各个学生运动技能掌握情况以及考虑体育知识水平的前提下也应当体现出组织能力的个别差异。从培养学生组织能力方面考虑，理想的考评体系的设置应该是：体育课总成绩由运动技能成绩体育、知识成绩和组织能力成绩组成，此标准的制订一方面增加了体育理论知识的比例，促进同学们对体育理论知识的学习，另一方面将组织能力作为体育课的一部分加入师范生体育课成绩的评定中，让学生意识到组织能力培养的重要性，并在体育课上能认真听从老师的安排，自觉执行老师的要求，便于老师的组织管理，同时也有助于课堂教学质量的提高。

第四章　组织和指导课外体育技能训练

学校的根本任务是培养人才。在新的历史时期，我们的学校应该培养和造就坚持社会主义方向，德、智、体、美、劳全面发展，有能力、有创造精神的新型人才，为各行各业派送多方面、多层次的建设者。以此为出发点，学校改革要努力提高课堂教学质量，同时大力开展课外活动，使课内课外相互补充和促进，相辅相成。从我国教育现状来看，这是提高教育质量的一个切实可行的有效途径。师范生作为未来的教师，肩负全面提高教育质量，为社会主义现代化建设事业培养新型人才的历史责任。为此，师范生通过亲身实践，明确自身指导课外活动的责任，具备指导课外活动的条件，学习指导课外活动的技能技巧，掌握指导课外活动的一般程序和方法。

第一节　课外活动概述

一、什么是课外活动?

所谓课外活动，是指学校在课堂教学任务以外有目的、有计划、有组织地对学生进行的多种多样的教育活动。

我国教育史上很早就有组织学生课余活动的实践。伟大教育家孔子就非常注重课外活动，常率领学生郊游。《学记》也指出："时报必有正业，退息必有居学"，说明古代学校就既有正课学习，又有课余活动。现代社会，由于科学技术和社会生产力迅猛发展，社会交往日益广泛，对人的发展既提出了更高的要求，也提供了更多的条件，表现在学生课余生活中，积极的教育因素越来越丰富，它们对学生的身心健康发展的影响和作用越来越明显。现代教育理论和实践十分重视学生的课外活动。原苏联著名教育家苏霍姆林斯基认为课外活动是学生"智力生活的策源地"，通过课外活动可以使"青少年迈上了科学思维的道路"，他认定有课外活动是学生"个性发展的一个重要条件"。"只有当孩子的愿望是每天有供自己随意使用的 5 ~ 7 个小时的空余时间，才有可能培养出聪明的、全面发展的人来，离开这一点去谈论全面发展，谈论培养素质，爱好和天赋才能，只不过是一些空话而已。" 目前，课外活动在我国已经逐步受到教育界的重视，1987 年国家教委提出将课外活动列入教学计划中，将课外活动作为课程的一个重要组成部分，从而形成由必修课、选修课、活动课三个板块构成的课程结构。而在《九年制义务教育课程改革试行方案(草案)》中，将九年制义务教育教学计划颁布的课外活动 1 690 课时提高到 3 384 课时。学生的课外活动时间增加了一倍。自 1991 年在上海市部分学校试行以来，收到了良好的教育效果，为优秀人才的培养奠定了基础。

二、课外活动的意义和任务

课外活动是学校教育的重要组成部分，因此，师范生指导课外活动的能力，是师范生的重要教育技能之一。认识课外活动的意义对于培养师范生指导课外活动的能力具有重要的意义。总而言之，课外活动具有如下意义。

1. 是贯彻执行党的教育方针的具体措施和重要途径

党的教育方针是使受教育者在德、智、体诸多方面得到全面发展，成为“四有”新人。显然，仅仅依靠课堂教学是无法实现这个目标的。课堂教学由于受时间、形式等的限制，只能侧重思想教育、知识传授、能力培养等方面的教育，当然，这是完全必要的。而课外活动则是学生侧重于个性意义上的主动学习。学生可以根据自己实际情况和学校、家庭、社会可能提供的帮助，追求自己的发展。这种共性个性的统一，是有利于学生做到全面发展的。无疑，有效的课外活动是贯彻党的教育方针的重要途径。

2. 对于深化教育改革，推动普通教育由“应试教育”向“素质教育”转轨有积极作用

多年来，由于“升学率”的压力，使普通中小学教育成了“应试教育”。但随着社会的发展，对人才质量的要求越来越高，越来越需要多层次、全面发展的复合型人才。普通中小学作为连接义务教育和高等教育的中间环节，既要为高一级学校输送优秀人才，又要向社会提供适应社会需要的全面发展的合格建设者。这对“应试教育”模式提出了严峻的挑战，要求学校教育必须从应试教育转向素质教育。而课外活动是发展学生个性，提高学生素质，培养社会需要的合格人才的重要途径。课外活动的组织和活动方式多种多样，生动活泼。从由教师组织活动，逐步过渡到在教师指导下让学生自己设计、自行组织和开展活动，是提倡以兴趣活动为动力的自觉练习，而不是以作业形式布置的训练任务。这样，学生完全可以根据自己的兴趣、爱好和特长，有选择地自愿地参加兴趣活动，使潜在的能力逐步显现和发展。重视课外活动，尤其是把课外活动作为中小学课程的重要组成部分，这是从“应试教育”模式向“素质教育”转轨的标志，是对保守的、传统的教育观念的重大冲击。

3. 课外活动可以满足学生多方面的需要，丰富学生的精神文化生活

学生的需要是多种多样的，随着社会的不断进步和发展，随着学生年龄的不断增长和知识的不断丰富和活动量的不断增长，他们就会出现求知的需要、社交的需要、创造的需要以及个人成就的需要、审美的需要等等。通过课堂教育显然是无法满足青少年学生多层次的需要的，只有开展丰富多彩的课外活动，才能满足这些需要，使学生感到精神的充实、生活的丰富，从而促使他们身心得到良好发展。

原苏联著名教育家苏霍姆林斯基指出，学生丰富的精神活对于实现“和谐的教育”具有巨大的意义。他认为，若把教育中人的活动从机能上进行分析，可分为两个方面。一为认识和理解客观世界，一为主体的自我表现和发展。他指出提高教育的效能应是使这方面的机能相互协调和保持平衡。由于学生获得自我表现，自我发展的领域远远超过课堂学习活动之外，因此，课外各个领域的活动对于实现学生的“和谐发展”具有极为重要的不可取代的作用。苏霍姆林斯基认为，如果把教师执行教学大纲比作“选种”，把学生的精神生活比作“土地”，优良的“种子”必须种在耕耘过的“土地”上，教学必须建立在学生充实的精神生活之上，才能取得良好的效果，课外活动正是丰富学生精神生活的重要途径，使学生在集体、社会、大自然、科技、体育、艺术等诸多环境和活动中，获得丰富的情绪体验，陶冶情操，满足各种精神需要，丰富和充实精神世界。如果青少年学生的空余时间总是在百无聊赖中度过的，那么腐朽的思想就会乘虚而入，就可能导致青少年学生走入歧途。正如马卡连问所指的那样：生活方面的放纵行为，往往是在悠闲、无聊和毫无监督地空度时光的情形下开始的。因此，必须用健康的、生动活泼的课外活动来占领青少年的精神生活的领域，使他们的精神生活得到充实和丰富。

4. *激发学生的兴趣、爱好、发展学生的特长，培养学生的独立性和创造性*

课外活动是根据学生的特点、需要组织的，他们可以根据自己的兴趣爱好、特长，有选择地参加各种活动，这为学生提供了展示才能的广阔天地。学生可以独立地运用自己的知识、智慧发现问题、分析问题、解决问题，努力克服活动中遇到的困难。通过活动，教师会发现学生的特殊才能，从而做到有的放矢地进行培养教育。学生在活动中会更了解自己发展的优势和不足，取长补短，不断充实完善自己。“事实上，不少杰出人才，他们的才能如果要追根溯源，往往是因为积极参加了课外活动，从中找到了自己的兴趣，潜在发展前途的方面，他们的才能才开始萌芽、发展，以至最终结出丰硕的成果。”正因为课外活动有许多优势，从而使它在培养学生的特殊才能、自主意识，创造精神方面有不可取代的作用。

课外活动是实现教育目的的重要途径。它的任务在于根据自身特点组织和指导学生的课余生活，积极促进学生全面发展，培养学生独创性的个性品质。具体说来，课外活动有如下一些任务。

第一、充实学生的生活，扩大学生活动领域，密切学生与社会的联系。

中小学生处于长知识、长身体的阶段，精力充沛，兴趣广泛。他们不仅好奇心强，有了解社会和自然、获取知识、探索真理的愿望，而且好动，有进行各种活动和体育运动的需要。组织丰富多彩的课余活动，能使学生的课余生活更充实、更健康、更生动活泼，富有乐趣。学生参加这些活动。不仅可以避免受社会上不良风气的影响，而且对社会、对个人都有积极意义。在课外活动中，学生不受计划和学校围墙的限制，广泛接触社会，接触科学技术、文化艺术、体育运动。活动空间广阔，人际交往增多，这对于他们体察社会活动的脉搏，了解科学技术的动态，拓宽文化视野，形成高尚情操，提高适应能力和相应变能力，让德、智、体、美、劳全面发展，无疑会起到重要作用。

第二、提高学生的思想觉悟，培养学生共产主义道德品质。

在课外活动中，通过政治教育活动，扩大学生的政治眼界，接受革命传统教育。通过参加有益于社会主义建设的公益劳动等活动，培养学生的劳动观点，群众观点和为人民服务的思想等等。让学生亲自参加社会主义物质文明和精神文明建设实践活动，在实践中培养他们的坚强意志和优良品质，在生动活泼的各种活动中，培养他们的革命人生观和世界观。总之，可以通过学生自觉自愿的实践活动来提高社会主义觉悟，抵制资产阶级思想的侵蚀。

第三、深化和补充课堂教学的不足。

著名教育家凯洛夫指出："课外活动和校外活动是对学校所进行的课内作业的必要补充，并且有巨大的教导、教养和教育的意义。"课堂教学虽然也遵循因材施教的原则，但总体上来说还是要统一要求，统一标准，要补救课堂教学的不足，必须发挥课外活动的独特作用，课外活动具有与课堂教学相区别的活动性、自由性，真实性；充分性等特征，使它不仅使学生在课堂上学的知识、技能巩固，而且能在实际操作中培养学生的探求精神，创造能力，使课堂教学理论与课外实践协调一致达到统一。

第四、培养学生的兴趣。发挥学生的特长，增强学生的自信心、参与意识、竞争意识，培养学生的探求精神、创造能力。

第五、组织学生进行有益的娱乐和休息。把学生的生活安排得更加合理，课余生活更加丰富多彩，可以使学生的身体健康，生活愉快，精神振奋。

三、课外活动的特点

课外活动与其他教育形式一样，都是要贯彻教育方针，实现教育的目的，使学生在德、智、体、美、劳等各方面得到充分的、全面的发展，但是，课外活动在教育形式、手段、内容、渠道上与课堂教学相比，有其自身的特点。

1. 灵活性

课堂教学是根据教学计划、教学大纲、教科书和课程表进行的，有相对稳定的时间、内容和形式。课外活动则不同，它不拘一格，灵活生动。从活动的性质来看，课外活动是学生自愿参加，自由选择的活动。不像课堂教学具有一定的强制性；从内容上看，课外活动是丰富多彩的，形式灵活、讲求实效。活动的参加人数可多可少，规模可大可小，有蔚为壮观的群体场面，也有少数学生间的相互切磋，活动的指导者可以是教师，也可以是学生，时间可长可短，活动效果的检查形式也是灵活多样的。

2. 趣味性

这是课外活动的重要特征。课外活动项目的确立，首先应该符合学生的身心特点，富有吸引力，能激发学生的活动热情，能引起他们浓厚兴趣，增强他们的自信心，能使学生置身于其中感到无比快乐和欣慰，能满足他们的多种需要。

3. 自主性

与课堂教学相比，学生在课外活动中具有更大的自主性，富有成效的课外活动，大多是学生在教师和有关方面的指导和帮助下独立组织、自主开展的，可以说，课外活动是学生自己的活动，学生是活动的真正主人，他们是活动的领导者和参与者。

4. 实践性

课外活动改变了课堂教学的“三中心”，以学生活动、社会环境为主体，大量活动是依靠学生亲自动手。自己组织设计，亲自动手，实践观察，发现和校正错误，随时对自己对知识的掌握和灵活创造能力进行了自我考察。课外活动较之课堂教学。有更强的实践性，因而能更好地锻炼学生的操作能力。

第二节　师范生必须掌握指导课外活动的形式方法

一、师范生应具备指导课外活动的条件

课外活动的指导是一项复杂的技巧性较强的全面性工作，师范生在今后的教学工作既要对专业知识驾轻就熟，也要对课外活动进行出色的指导。这对师范生提出了较高的要求。要圆满地完成以上任务，师范生必须具备教师的基本意质，其中包括具备指导课外活动的条件。

（一）要有正确的教育思想和教育观念

课外活动作为普通中小学“三板块”课程结构的组成部分，是实现中小学培养目标的重要途径，也是培养社会所需要的多向型人才的重要方式。多年来，由于受片面追求升学率风气的影响，部分老师忽视课外活动，视课堂教学为唯一教育途径，师范生也深受影响。作为未来的教师。师范生必须清楚地认识“应试教育”的偏颇和实现“素质教育”的重要性。要树立正确的人才观、素质观。普通中小学的培养目标受到社会需要的制约。十四大报告指出：“科技进步、经济繁荣和社会发展，从根本上要取决于劳动者的素质的高度，大批人才的培养力度”，这为学校的培养目标指出了方向，提出了任务，教育必须着眼于全面提高学生素质，这是现代化建设的需要，是时代赋予学校的重任。教育如果只着眼于分数、升学率而置人才素质于不顾，必然导致在“千军万马过独木桥”中，绝大多数被挤下“独木桥”的学生，不能为社会所用，即使是在激烈竞争中取胜而迈入大学校门的大学生，也不乏高分低能者。要使学校为社会培养有用人才，担负起提高国民整体素质的任务，就必须有正确的教育思想、教育观念，变“应试教育”为“素质教育”。而重视课外活动则是教育观念转交的重要指标。

（二）师范生必须是一专多能，有一技之长的复合型人才

课外活动的指导涉及多学科领域和多方面的技能技巧。要主动活泼地指导课外活动的开展，首先在专业知识方面，不仅要有牢固、扎实的专业知识，而且还要掌握一至几门其他学科知识，所以，师范生在校期间，除了要学好主修课程之外，还应该选择一至二门自己感兴趣的兼修课程，以扩展自己的知识储备。其次课外活动的指导，涉及许多技能、技巧，如文学音乐、舞蹈、体育、书法、绘画等，要求教师能歌善舞，能写会画，有一技之长。所以，师范生要进行“体艺”“三字一话”（钢笔字、铅笔字、毛笔字、普通话）等师范技能的训练，实现知识型、单一型向智能型、复合型、实践型人才的转化。

（三）师范生要学会了解学生，善于发现学生的持长

课外活动是培养学生的能力，发挥学生的特长，培养学生的兴趣、爱好的重要形式。不同的学生由于遗传、环境和教育的差异，导致学生能力、兴趣、爱好产生差异，这些差异是学生参加不同类型的课外活动的依据。作为未来将成为教师的师范生，要善于了解学生的个体差异，如学习方式、兴趣指向、思维特点等，在学生自愿的基础上。帮助学生选择不同的课外活动方式，对那些才能已经显露出来的学生，不难确定课外活动的项目和培养方向，但对大多数学生来说，其兴趣、爱好、特长常以掩蔽形式存在，尤其是对那些不喜好表现的内向型学生，他们的兴趣、爱好、特长，还需要教师的精心培养和发现。因此，师范生对学生的兴趣爱好应有高度的敏感性，善于引导和发现学生的优势，许多杰出人物的才能并不是一开始就显露的，而是通过多年的实践活动，才崭露头角的。

除师范生自身具备的本质条件外，开展课外活动还需要一定的物质条件。除了有一定的师资、学生、教材和时间以外，还必须以一定的物质条件为基础，如经费、场地、设备等。虽然课外活动对物质条件的要求不像课堂教学那样严格，而且可以因地制宜，但基础设施必须具备，如普及型课外活动所需要的运动场，音乐室、绘画室等，学科型，科技型课外活动所需的实验室、操作场地等，不然课外活动的开展就会成为一句空话。一定的物质设备是开展课外活动的必备条件。

二、师范生应熟悉指导课外活动的形式和方法

课外活动涉及的范围广、类型多，按不同的标准，可把课外活动分为不同的类型。如从内容上看，有以增长社会科学、自然科学知识为目的的活动；有侧重培养学生动手能力和劳动技能的活动，有以提高阅读能力、写作能力以及提高外语、数学能力为目的的活动；有如强身体素质和提高运动水平的活动，有提高文化素质、文艺欣赏水平和审美观念的活动等。从活动的难易程度分为普及型和提高型：从对某专业的深度要求看可分为学科型和科技型，从活动内容和组织形式可分为体育活动、班队团活动、兴趣活动、

阅读自习、社会实践活动等。师范生必须熟知这些活动内容、性质及组织方法。下面着眼于课外活动的组织方式，我们以课外活动参加人数的多寡为标准，将其分为群众性活动，小组活动和个人活动。

（一）群众性活动

群众性活动，可以吸收大批学生参加，有利于活动的普及，同时，也为活动的提高提供基础。这类活动有以下几种形式。

1. 报告和讲座

这是普及科学技术、文化艺术知识和进行政治思想教育常用的一种形式。根据具体情况，学校可以举行关于国内外形势的时事报告，庆祝节日、纪念日的专题报告，学习英雄模范人物先进事迹的报告，科普讲座、文艺讲座等等。

2. 各种集会

群众性集会能迅速有效地传播知识和思想，形成一定声势，给学生留下深刻的印象。学校的集会一般有革命节日、传统节日、重大事件的群众性集会，与科学家、作家、英雄模范人物的见面会、文史、数理、科技等内容的晚会；纪念性、知识性、娱乐性的诗歌朗诵会，音乐欣赏会；文艺表演会等等。

3. 各种比赛

体育竞赛、科学知识竞赛、智力竞赛、演讲比赛、书法绘画比赛等，也是深受学生欢迎的群众性的活动，这些活动能调动学生的积极性，培养集体荣誉感和奋发向上的精神。

4. 参观、访问、调查、旅行

这是组织学生进行群众性实地学习的良好形式。例如参观重要的建设项目，祭奠烈士陵园，参观各种纪念馆、展览馆、访问英雄模范人物，进行社会调查，游览名胜古迹、名山大川等。这些活动让学生直接与社会和大自然接触，有助于提高学生的思想觉悟、增长知识、开阔视野、陶冶情操，是课外活动的重要形式。

5. 社会公益活动

组织学生参加公益活动，为孤寡老人、烈士军属服务，宣传交通安全、维护公共秩序、参加植树造林、绿化美化环境，在节假日和日常的课余时间组织学生参加社会服务活动等等。通过各种劳动实践，帮助学生树立劳动观点，端正劳动态度，培养劳动能力和热爱劳动人民的思想感情。

6. 墙报、黑板报

墙报、黑板报是学校重要的宣传工具。也是学生进行自我教育的良好园地。通过这种形式可以进行时事政策宣传，普及科学知识，报导校园生活、展示优秀作品，反映学生思想动态，表扬好人好事，使之成为学生思想、生活的窗口。

（二）小组活动

小组活动是学校课外活动的基本组织形式，它机动灵活、小型多样，能让学生获得学习和实践各个专项活动的机会，有助于学生拓宽和加深某些方面的知识，发展他们的兴趣爱好和特殊才能。指导小组活动要求师范生必须具有个人特长和专业特长。小组活动按照性质不同，可分为政治时事小组、学科小组、技术小组、艺术小组、体育小组等。

1. 政治时事小组

师范生应能结合国内外大事，节日和纪念日组成政治时事小组开展活动。通过小组成员对政治时事的讨论、宣传，带动全体学生关心国际国内大事，了解我党我军的光荣革命历史，懂得当前社会主义现代化建设的任务，使学生受到时事政治的教育和思想品德的教育。

2. 学科小组

按照学科建立的各种兴趣小组，是学生课外活动的重要形式，它对学生学习和运用这门学科的知识有重大作用。一些开展得好的小组甚至对学生以后选择职业，在工作上作出好的成绩都会产生深刻的影响。

3. 艺术小组

艺术小组分为音乐小组、舞蹈小组、戏剧小组、书法小组、绘画小组、摄影小组等。这些小组通过艺术欣赏、艺术观摩以及学生自身的艺术实践，能使学生获得审美知识，树立正确的审美观念，培养鉴赏美的能力。发展对艺术的兴趣和创作才能。艺术小组的活动不仅使小组成员受到教育，而且能够活跃全校的氛围，丰富学生的课余生活，使学生受到美的熏陶。

4. 体育小组

体育小组是将对体育活动有特别兴趣和爱好的学生组织起来进行体育技能技巧训练的活动小组。学生在小组里的活动主要是项目训练，一方面可以锻炼身体，更加健康。另一方面又满足了学生对某项运动的爱好，提高运动成绩。开展体育小组活动，还能源源不断地为国家体育运动员队伍输送人才，为提高体育运动水平，繁荣我国体育事业做出贡献。

（三）个人活动

个人活动是学生在教师指导下进行课余独立作业的活动。例如阅读各种书籍，独立观察实验，制作教具模型，进行艺术创作等等。这种活动充分发挥了每个学生的积极性和创造性。

在个人活动中占有重要地位的是课外阅读。阅读课外书籍，是学生最普遍、最频繁的课外学习活动。学生的阅读范围很广，从小人书、寓言、故事、短篇小说到中长篇小说、大型文艺刊物，从科学小品、科普读物到科技专著等。从小学到中学，随着年龄的增长，年级的升高，阅读数量会愈来愈多，范围会越来越广。课外阅读基本上以学生个人分散自由阅读为主，通过阅读会提供交流的机会，使学生知识面拓宽，口头表达能力和写作能力以及自学能力增强，开展课外阅读，要充分利用图书馆、阅览室中的书籍、报章和杂志，为学生阅读创造良好条件。

指导课外活动，一般没有固定的方法和具体模式，大体来说，进行课外活动一般要经过课外活动指导力量的分工；选择课外活动小组的干部，拟订活动的实施计划；组织具体实施、检查、总结等程序。师范生必须熟悉这些指导课外活动的一般程序和方法，以便在将来工作中运用和参考。

1. 课外活动指导力量的分工

对课外活动指导力量的分工，我们可根据活动的内容，规模的不同以及某些特殊需要灵活掌握。

从课外活动的内容来分，以学习科学文化知识为中心内容的课外活动，由学科教师为主进行指导和组织：以思想政治教育的组织纪律教育为中心的活动，由班主任为主进行指导和组织。

从课外活动的规模来分，活动的规模分大、中、小三类。大规模的、全校性的活动或由几个年级联合举办，或几个学校联合举办，应由学校党、政领导或团委、学生会、少先队等有关人员组织。班级联合活动，由各班班主任和科任教师共同组织。

从特殊需要来分，分为文娱、体育、书法、绘画等兴趣小组，需要有特殊才能的教师指导和组织。

2. 选择课外活动小组的干部

选择课外活动小组的干部，要注意三个条件：有参加活动的兴趣；有组织活动的能力，有开展活动的精力。选择出来的干部，最好是活动的带头人，有足以把活动开展起来的德才素质，这是保证搞好活动的重要条件。因此，师范生要培养自己识才、选才和用才的本领，此外，要充分调动团、队、班、干部的积极性，使他们主动协助和支持课外活动组织的干部开展工作。

3. 拟订课外活动的计划

“凡事预则立，不预则度”，计划是活动进行的先决条件，是活动实施过程的重要准备工作。订计划首先要从实际出发，即学生实际（包括学生知识水平、年龄特征、男女人数、兴趣特长、家庭条件），学校实际（包括学校环境、物质设备），时间实际（包括季节、时间长短），指导力量实际（教师的特长、领导才能等）。

课外活动计划一般应有以下项目：

（1）活动名称（或活动内容）。

（2）活动形式、活动的目的要求。

（3）指导教师（主持者）。

（4）参加者（年级、班、人数、男、女）。

（5）时间、地点。

（6）设备（场地、文具、仪器等）。

（7）活动程序及分工（包括每单元进度、时间、任务、负责人等）。

（8）情况估计与设想（包括应变方案及实施人）。

（9）组织纪律（包括活动中的某些操作规程）。

（10）检查、总结（包括检查人、检查措施；总结人、总结提纲和内容、总结方式等）。

4. 计划的实施及修改

计划是一种设想，是否符合实际，能否达到目的，要靠实践检验，在实现计划的过程中，会遇到许多新问题、新情况，有些问题在订计划时甚至完全没有想到。所以在实施过程中要对计划不断地修改使之完善，这要求师范生不仅要有高度的责任感，而且要具备组织实施计划、指导督促以及修改补充计划的能力。师范生要学会既能巧妙编制课外活动蓝图，又能把蓝图变成现实。

5. 检查

检查是落实完成计划情况的重要手段。检查一般分为三个阶段。第一阶段：准备阶段的检查。检查计划、设备、人员、器材、场地是否按预定要求落实和准备好了，这一阶段的检查起着督促的作用。第二阶段：实施过程中的检查。这一阶段的检测起监督作用，特别是检查操作规程、动作要领、实施步骤等，要有专人负责进行专项检查，不得有任何疏漏和马虎。第三阶段，结束阶段的检查，包括检查效果，仪器、设备、器树、图书的回收等。

6. 总结

总结可分为阶段小结与全面总结两种。活动时间延续较长的，每过一段时间要进行阶段小结。阶段小结的目的，是为了发扬成绩，克服缺点，以利于下一阶段的活动。全面总结，是在活动结束时进行的，要对整个活动进行全面分析，找出课外活动的规律，扬长避短。在课外活动中，不仅指导教师要进行总结，而且师范生还要指导学生写出专题总结。如活动报告、心得、观察记录等，为他们以后独立进行活动打下基础。总结工作很重要，师范生不仅要努力提高自己总结工作能力，更要花大力气学会如何组织学生进行总结、评比。

总结的形式很多、经常使用的有以下几种：

（1）报告会。

由课外活动的组织者报告课外活动开展的成果、收获体会以及存在的问题和努力的方向。

（2）汇报演出。

由学生以节目的形式向全体师生汇报活动结果，例如文娱晚会、科学晚会等。

（3）作品展览会。

展示学生课外兴趣小组的制作、美术作品、书法作品物标本和学科作业展览等。

（4）专刊。

如刊登学生的参观访问记、游记和学习心得等。

（5）各种比赛。

如举行书法比赛、作文比赛、演讲比赛、航模比赛、智力比赛以及文娱、体育比赛等。

三、指导课外活动的原则

（一）趣味性、科学性和思想性相结合的原则

学生课外活动的显著特点之一就是趣味性，脱离了学生的趣味。活动就难以开展和坚持，课外活动的目的，是在帮助学生自主发展的基础上发现人才和培养人才。脱离了科学性，就只能是形式，然而学校一切工作的目的都是为了培养社会主义事业的接班人，因此必须把教育放在首位，因为思想教育就理所当然地应贯穿于一切课外活动之中。所以，指导课外活动，必须坚持趣味性、科学性和思想性相结合的原则，这一点，师范生必须高度重视。

（二）因材施教，面向全体学生的原则

我国现代化建设需要多方面的人才，而人的兴趣、爱好、个性和特长也不尽相同。为了使每个学生都能得发展，师范生要学会处理好共性和个性的关系。所谓共性，是从大的方面而言，如能力要求、思想品德要求等：而个性是从具体方面考虑，每个学生的志趣不同，能力体力存在差异。不能用简单划一的办法来处理。为了使每个学生都投入到课外活动中去，都能得发展，课外活动的形式要多种多样。方法要生动活泼。首先，要广泛开展和普及课外活动。同时，为了使有特殊才能的学生不断提高和发展，可以根据实际情况积极创造条件，开展提高型和特长型的课外活动。使他们有发挥特长的机会。其次，对学生能力的培养要注意不同层次、不同要求。在正确理解的基础上，才能正确把握，从而有针对性地加以培养，保证学生个性的健康发展。最后，要有正确、全面的人才观，防止认识偏见。由于学生的兴趣、爱好诸多方面有较大的差异，才能的出现有早有晚。学业成绩很差的学生，也有在课外活动中表现出色者，所以，在课外活动中，不要产生认知偏见，不要排斥差生，偏袒优等生，要使全体学生无一例外地在不同层次、不同领域的课外活动中发挥才能，增强他们的自信心，积极性和意志力。

（三）因地制宜，量力而行的原则

各地区，各学校的实际情况不同，因而开设课外活动的内容也应有相应的变化。所谓实际，包括三个方面的因素；学校条件设备、教师特长、学生差异。从学校条件来看，城市学校与农村学校、重点和非重点学校在办学条件上有较大的差别。城市学校可以根据物质条件，开设家电维修、工艺美术、音乐等课外活动，而农村学校则可以开设瓜果、蚕桑、特殊种养植、无土栽培等课外活动。就教师特长而言，应充分发挥学校教师已有

的持长，应人尽其才，还要根据学生的素质、爱好、实际兴趣开展课外活动，不能强求一律。在课外活动时间、内容、形式上，还要根据学生的学业负担，学生承受能力，理解水平而定，切不可拔高课外活动形式和内容的要求。把“高招尖”的知识内容和技巧塞入课外活动内容中，更不能不顾学生课堂学习而占用课堂教学时间。须知，课外活动是课堂教学的辅助和补充，因此，在活动开展时要量力而行。

（四）学校、家庭、社会相结合的原则

在指导课外活动开展时，要依靠学校、家庭、社会各方面的力量。虽然课外活动的开展主要依靠学校的力量，如管理、师资、设备等，但仅靠学校的力量是不够的。为了拓宽课外活动领域，提高课外活动质量，还需要得到家庭和社会的支持。在师资力量方面，许多家长是某方面的专业人才。他们既可以帮助自己的孩子掌握某方面的技能、技巧，也可以作为学校课外活动的辅导教师。在社会力量方面，不仅可以提供师资、管理人员。而且可以提供一定的场地、设备（如青少年宫、青少年之家），所以课外活动的开展要与社会挂钩，采取学生走出去，教师请进来的方式。这样，既可以弥补教师力量的不足，又使学生在一些实践活动中开阔视野，提高学生的能力和思想认识水平。总之，在指导课外活动时要联合学校、家庭、社会的力量，以保证课外活动得以顺利开展，收到实际效果。

（五）寓教于乐的原则

课外活动是学校教育活动的有机组成部分，学校可以依靠学生对课外活动的热爱，适时地进行思想教育，从而使学生朝着兴趣—乐趣—志趣的方向发展。在课外活动中要结合社会主义建设和现实生活的实际，使学生明确，他们的学习与社会主义建设事业息息相关，从而激发他们的学习热情。树立为祖国现代化建设不断进取的远大理想。通过科技兴趣活动，对学生进行“学科学、爱科学、用科学”的教育，通过开展与读书、体育、艺术等相关的活动，提高学生对美的鉴赏能力、批判能力、陶冶他们的情操，使他们自觉抵制腐朽思想的侵蚀。通过文史、地理、生物等学科小组活动和社会调查，使他们更加热爱祖国、热爱大自然、向往美好未来，追求真理，收到寓教于乐的教育效果。

上述诸原则，是指导中小学生开展课外活动必须遵循的一般原则，师范生应该了解和指导学生运用这些原则。在未来的教学实践中，要根据具体情况综合地灵活运用这些原则，生强硬套和随心所欲的倾向都是应该避免的。

四、努力提高师范生指导课外活动的能力

师范生是未来的人民教师，他们在校期间不仅要学好专业知识，而且要初步掌握教育能力和技巧。而课外活动的指导是师范技能之一。作为教师，要指导学生开展某项活动。首先，自己必须具备开展这项活动的知识和经验。因此，师范生应结合本专业知识

的学习训练提高指导和设计课外活动的能力。由于课外活动的内容广泛、丰富且多具综合性，所以师范生不仅要有广博的科学知识和文学修养，而且还要有多方面的爱好和才能，这些才能和特长是在坚持不懈地参与或组织课外活动中不断巩固和发展的。

实践证明，一个优秀的教师不仅要有广博的专业知识，而且要有学生所喜爱的多种才能（如音乐、体育、绘画、科技制作等），既要能在讲台上侃侃而谈，又能在课外活动中一展风采，这样才能对学生具有吸引力、感染力，获得学生更多的喜爱、爱戴和尊重，也才能帮助优秀学生脱颖而出。而要能实现教师形象的和谐统一，必须通过课外活动指导的实践，不断地掌握指导课外活动的规律和方法，不断训练自己多方面的才能和技巧，使自己今后不仅能胜任学校课外活动的指导工作，而且还能促进学校课外活动的向前发展，培养出更多具有特殊才能的学生。

第五章　体育教学评价技能的训练

听课与评课是来检验一节课上的成功与失败的重要途径之一，也是基层开展教研活动所经常使用的一种形式，坐下来认真听课与评课为体育教师的学习与交流提供了一个轻松的环境，特别对青年教师的成长有一定的帮助。

第一节　体育课听课技能训练

把听课与评课作为促进教师专业发展的一种有效途径来看，学校的听评课理应以理想课堂的追求与教师的幸福作为基点，通过“激发教师追求理想课堂、实现幸福生活的愿望，并在此基础上，引导教师研究课堂、改进教学，实现课堂质量的提升”。那么如何才能把这样的理念转化为具体的实践行为呢？

一、如何听课（看课）

（一）全身心投入

听课必须专心致志，全身心地投入。“用志不分，及凝于神”，全神贯注是做好任何工作的前提，精力不集中往往会贻误工作。听课者要想获得理想的听课效果，就要保持注意力的高度集中，全身心地投入。如果听课者心猿意马，左顾右盼，或迷迷糊糊地打瞌睡，或嘀嘀咕咕唠闲磕，心思全然不在听课上，这种听课的效果就可想而知了。听课由于单调，以及长时间的静坐容易使人疲劳和困倦，特别是一些大型的、连续的展示课活动上，听课者更容易产生疲劳，这就要求听课者用意志来克服自己，使自己自始至终进入角色状态，整个意识要随着讲课情境活动而活动，这样不易走神。

（二）掌握观察要领

我们知道，一节课成功与否，不仅仅在于教师讲了多少，练了多少，更在于学生学会了多少，身体得到了怎么样的锻炼。做到既听又看，听看结合，注重观察。有人把听课说成看课，这是有一定道理的。

1. 听什么

听课，听什么呢？一听教师的讲解，是不是讲到点子上去了，重难点是否突出，详略是否得当，语言组织的是不是合乎逻辑；二听教师启发是否得当，也就是平时所说的启发式教学。

2. 看什么

听课要看，体育课的听课，还是以“看”为主，看什么呢？一看教师的精神是否饱满，示范是否标准优美，看教法的选择是否得当，看教师指导学生是否得法，看教师对学生出现问题的处理是否巧妙等等。一句话，看教师主导作用发挥得如何；二看学生，看整个课堂气氛，学生情绪是不是饱满，精神是否振奋，看学生参与教学活动的能力，看学生的练习，看学生活动的时间是否得当，看各类学生特别是身体素质不是太好的学生的积极性是否被调动起来，看学生与教师情感是否交融等等。一句话，看学生主体作用发挥得如何。

3. 想什么

听课者在课堂上不仅要边听、边看，还要边想。因为对课堂教学水平的分析不能仅停留在表面现象的观察上，更要做出正确的判断，有时需要透过现象去分析它的实质。上得好的课，应该看得出学生是怎样从不懂到懂，从不会到会，从不熟练到比较熟练的过程。这才是一种最佳的教学效果。所以听课，一定是要注意看实际效果，看学生怎么学，看教师怎么教学生学。

二、怎样做听课记录

（一）掌握听课记录的基本要求

听课记录包括两个主要方面：一是教学实录，二是教学评点。而在记录本上的体现，左边是实录，右边是评点。

1. 课堂实录包括以下内容

（1）听课年、月、日、学科、班级、执教者、课题、第几课时等。

（2）教学过程。包括教学环节和教学内容，以及教学时采用的方法。

（3）各个教学环节的时间安排。

（4）学生活动情况。

（5）教学效果。

2. 课堂实录记到什么程度，要根据每次听课的目的和教学内容来确定，通常有下面三种形式

（1）简录，简要记录教学步骤、方法等。

（2）详录，比较详细地把教学步骤都记下来。

（3）纪实，把教师开始讲课，师生活动，直到下课都记录下来。

3. 课堂评点

评点包括听课者对本节课教学的优缺点的初步分析与评估，以及提出的建议。包括：

（1）教材处理与教学思路、目标。
（2）教学重点、难点、关键。
（3）课堂结构设计。
（4）教学方法的选择。
（5）教学手段的运用。
（6）教学基本功。
（7）教学思想。
（8）其他。

（二）依据听课重点，抓住记录要点

往往有这样一些情况，记录面面俱到，四面出击，多而全，却是哪方面都不深刻。所以，听课记录有的需要全面一些，有时需要突出某一方面。记录要抓重点，对内容要选择，落在纸上的文字要精炼，言简意赅。在记录时，有时来不及把想写的都记录下来，还可以留空位子，待有空闲时间时再进行补遗。

案例：

评课记录

听课人： *** 班级： 听课地点： 时间： 年 月 日

学校	****中学	年级/人数	高一/40	课次	1
课题	1. 左右移动正面双手垫球 2.体能素质练习			执教人	
课堂实录：一、准备部分 1. 课堂常规：体育委员整队（31″）；教师宣布本节课的任务，并询问学生有没有信息完成（1′08″）。 2. 准备活动：关节操（手指操、肩绕环、髋关节、膝关节、手腕关节 4×8）（4′13″）。 3. 传接球练习：1、3 排拿球，学生同老师配合做示范（头上、胯下传接球），并对练习的要求进行说明，队伍的调动、细调间距，让学生先尝试（6′09″）。 组织练习（对能力不同的学生提出不同的要求）数数定节拍，看学生能不能跟上。然后拉开距离（3 个球）同样的要求，小结（7′49″）。 4. 打龙尾游戏（1、2 报数，提示，讲解游戏方法）：组织练习，队伍的调动（1 排到一号圈。。。。），练习过程中告知交换的方法，后提示交换（9′59″开始）（12′27″交换）（13′35″结束）。 二、基本部分 1. 导入，提示学生球在不同的部位，采用不同的步伐，并对所学内容进行回顾（15′36″）。 2. 移动步伐练习：交叉步、并步（失误 1；并步 13；交叉 9 次）。口令指导、语言提示要点（17′46″）。					

3. 抛接球练习：地滚球（5 次）、空中抛接球（5 次），示范 3 次，语言提示步法的移动，手的状态（26′09″）。

4. 移动垫球练习：并步、交叉步。徒手 4 次；固定球（各 2 组，交叉步未交换）（27′58″）。

5. 左右移动一抛一接练习：错误示范暗示—10 次交换—要点提示/再错误示范—正确示范（各 2 次）—再练习（33′10″）。

6. 夹球抛接游戏：距离 2 m，先学生尝试 10 次，后采用计时 2 组，完成数量不同做立卧撑的数量不同）（39′48″）。

三、结束部分

1. 放松：手指交叉向上、向侧、向下拉伸各 4×8 拍；手脚甩一甩、敲一敲，提示学生不要过于用力（43′00″）。

2. 小结：引导学生进行互相评价（44′17″）。

3. 归还器材。

第二节　体育课评课训练

评课是非常关键的一个环节，是上课者与听课者交流、思想碰撞、共同提高进步的平台。评课是在听课基础上的一个提高。

一、评课技能的概念

评课技能是指体育教师在看课与记录的基础上，对体育课进行整体的、部分的、专题的剖析，发现亮点、指出问题过程中表现出来的一种熟练的教学行为方式。从以上概念可见，评课技能是一种较为熟练的教学行为，换而言之，没有入职或入职不久的年轻教师也会评课，但他们的评课可能是凌乱的、没有条理性的，也就是说，他们只会简单的评课，并没有把评课发展为一种熟练的教学行为。因此，“熟练”是教师评课技能的基本要求。

二、评课技能达成的几个基本要求

（一）评前准备充分，以免信口开河

要做好评课工作，准备工作是必要的，也是必须的，而要做好评课的准备工作，笔者认为，可分四步走：一，课前仔细观看授课教师的教案，从教案中我们不仅可以了解授课教师的教学流程，还可以初步发现一些问题或不足。二，认真耐心看课，并按上课的流程记录好上课教师各个授课部分、各个时间段所呈现的优点与暴露的问题。三，对记录的所有优点与问题进行集中整理。由于记录的优缺点是按上课的流程进行的，因此，

你所记录的优点、缺点是分散的，相互交叉的，此时应对授课教师的所有优点和缺点进行集中整理。四，对整理出的优点与问题进行分门别类的再整理。五，我们已把所有优点与缺点集中起来了，但是所有优点或缺点之间到底存在什么关联？我们还不是十分清楚，因此，对所记录的所有优点或缺点必须进行分类整理。以上工作是做好评课的准备工作，不可忽视。这就要求听课教师集中注意力看课，不能三心二意，不能只听个片段，否则评课就会脱离实际，信口开河。

（二）评课重点突出，避免面面俱到

对于上课教师的优点与问题，在评课时要突出重点，这就需要在做好看课准备工作的基础上进行分类整理。优点与问题可能很多，在表述过程中，不要面面俱到、避重就轻，要抓重点，且层次分明。要做到以上要求，并不是一朝一夕的事，有的老师只关注细节，有的老师只看到表面现象等，这些都不是客观真实的评课。另一方面，评课有时间方面的要求，对于评课过程，主办单位有一个总体时间的控制，对于每一位教师的自由式评课，也有时间的限制，如果评课时间拖拉太长，就会造成“言者滔滔不绝，听课乏味无趣”的现象。因此，要求参与评课的教师要言简意赅、突出重点，不要废话连篇、喋喋不休。

（三）评课全面整体，不能以偏概全

对一个授课教师的评价，我们要尽力做到客观公正，而运用整体评价的视角与全面评价的视角是达成以上目的的有效方法。从实际情况出发，授课教师在上课过程中所暴露的问题很多，也可能是缺点多于优点，但我们需要对这些缺点与优点进行客观的评价，从整体和全面的视角进行分析，并根据授课教师专业发展的前景进行综合考量，这样才能避免以偏概全的现象出现。所谓“旁观者清”，看课教师的眼光是锐利的，他们可以从不同的角度对课堂教学进行审视，可能找出授课者意想不到的问题，但对于各位老师做出众多的评课之后，组织者应从整体的、全面的、发展的视角对授课教师进行综合的评价，这样既有助于广大教师评课技能的提升，又能对授课教师进行一个客观的评价，并提出授课教师专业发展方面的要求。

（四）评课实事求是，切勿照顾情面

在评课过程中，往往会遇到一些难题，如授课教师是朋友、是同事，评课教师是客人、是受邀者，因此，在评课过程中难免会受到授课教师、主办单位、主持人等感情因素的影响，造成评课的不公正性与不公平性。对于这个问题，我们应该采取实事求是的态度，千万不能受到感情因素的干扰与影响，就事论事，对于主办单位而言，应该敞开胸怀，接受来自各个方面的批评；对于授课教师而言，应该虚怀若谷，认真听取各家之言；对于评课者而言，要做到“眼中无情”，特别是对授课教师的问题与缺点应该直言不讳，这是确保公正、公平评课的基石与根本，如果大家都要考虑到各自的情面，那么这样的评课既无效果，也浪费老师们的时间，最后还可能养成营私舞弊的坏习惯。

（五）评课一分为二，兼顾亮点建议

对于授课教师的优点与问题，每一个听课者都有自己不同的看法，作为评课者，要对授课教师的优点与问题进行综合的判断，不能只有优点的评课，也不能只有缺点的评课，除非主办单位有特殊的要求（如为了节省时间，主办单位规定只讲问题与缺点，不说优点等）。为了使评课做到公正性，我们在对待优缺点方面应注意的策略是：整体性评价优点，分步式评价缺点。听课老师们都十分清楚，听课除了学习之外，更多的是研讨，听课只是一个研讨的媒介，老师们更多的是想听到各种中肯的批评，发现课中各类问题，以便在以后的课堂中避免同类问题发生。因此，在呈现优点时，整体性地陈述就可；在提出问题与建议时则可具体化，采用分步式进行，这样便于对授课教师进行客观评价。

三、评课技能的培训建议

（一）熟练掌握与了解评课形式和类型

作为一个评课者，有必要了解评课形式和类型，其中的形式有：个别面谈式；研讨式自评、互评、总评；书面材料式；庭辩式；全面分析与专题分析；点名评议式；师生评议式；网上评课；自我剖析式。类型有：观摩性评课；提高性评课；研究性评课；检查性评课；指导性评课。对于不同形式与类型的评课，有不同的要求，老师们可以具体情况具体分析，根据不同形式和类型的评课实施不同的对策。

（二）经常参加各个层面的教研活动

目前，职后教育的重要性大有超越职前教育的势头，因此，大大小小的职后培训如雨后春笋般地涌现，我们暂且不论其真正的效果，就培训角度而言，看课与评课是一项重要的内容，除此之外，小到学校教研活动，大到省级教研活动、全国性教学观摩活动，都是以课堂教学评比作为主要内容的，因此，作为一个年轻教师，一定要树立远大的志向，要走出本校、走出区外、市外、省外，走到全国，积极参加各类教研活动、优质课评比活动、教学观摩活动等，通过个人学习、他人评课、相互研讨、专家评课等形式，开拓眼界，不断提升自己评课的技巧与水平。

（三）拜师学艺，不断提高评课水平

评课技能的发展并不是一朝一夕的事，需要长期的培养与磨练，可以说，谁都可以评课，谁都能评课，但是不同水平的体育教师，会给出完全不同的评课结果，这就体现了评课的巨大差异性。好的评课言简意赅，直指重点，会让上课者有豁然开朗的认识，对于听课者更有一语道破的感受。因此，作为年轻教师要虚心求教，最好能拜师学艺，每到一个层次，拜访不同层面的师傅，依次递进，评课技能可以得到不断地提升与发展。

（四）换位思考，精益求精

评课的目的不仅在于交流，对上课者的水平进行一定评价，同时也是自我学习、自我提高、自我发展的很好途径。对于一个观摩者而言，首先，要积极参与看课、评课、交流活动，提高自己的教学专业化发展水平；其次，要认真聆听他人的评课内容，比较他人评课与自己评课观点的差异性，从中学习他人的评课经验与技巧；第三，正所谓"当局者迷"，作为旁观者可能将上课教师的缺点看得很清楚，但要经常换位思考，假设你来上这节课，你能上到什么程度、什么水平、什么效果？这样的思维有助于反观自我，改善自身的教学水平，促进自我的专业化成长。

四、体育评课的具体内容

（一）教学目标是否明确、具体、可行

教学目标既要符合体育教学大纲的要求，又要切合学生的实际体育水平，还要符合学生的身心发展的规律。教学目标是课堂教学的出发点和归宿，也是衡量一堂课的标准，只有明确目标，师生才能在课堂教学中协调一致，取得最佳效果。

由于新课程强调以"健康第一"作为指导思想，课程目标也是直指学生整体健康水平的提高，因此对课堂教学的评价应看教学方案的制订是否合理，教学内容的选取是否符合学生的身心发展特征。既要对学生练习强度、练习密度和掌握技能进行评价，也要注意对学生的态度、心理和行为进行评价，要使教学评价能有效促进学生身心的健康发展。

体育课堂教学每节课教学目标的制订一定要以各校学生、器材、场地等实际情况为依据。不同的教材有不同单元课次、不同素质的学生制订的目标都会不同，所以目标的制订要体现出科学性。学生在动作技术的掌握和身体素质的提高方面都有一定的规律和阶段。对动作技术而言，一节课要掌握到什么程度应明确，如"了解和明确""掌握和熟练掌握""复习和提高"是在不同的单元教学课次中明确说明的；就增强体质提高能力而言，重点发展哪项素质，提高哪种能力也应明确。教学目标的准确程度直接影响着整个课堂教学的过程和效果。

（二）体育老师的课堂教学能力是否突出

《体育与健康课程标准》（以下简称《标准》）提出，体育教师的课堂教学能力主要包括：融会贯通课程标准的能力，如对《标准》的领会和掌握程度，表达能力要精讲清楚，有较高的语言修养；要不断革新教法，吸收先进的教育教学理论，学习先进的学科教学方法；要创设民主宽松的课堂氛围，让学生有较大的自由度；课堂设计要力求新颖，探索新方法，积极运用现代化教育装备，发挥先进技术的作用，开发体育与健康课程资源的能力等。在课中要指导学生掌握正确的学习方法，正确引导学生进行练习，课后能及时总结自我，去不断超越自我，学习他人的优点，勇于突破传统教学模式。

一堂课一般要突出一两个学习内容，学习内容不能太多，这样便于突出重点。一堂

课应具有恰当的密度、强度。要做到这一点，教师可围绕一个重点展开。课的密度保持在 35%左右，强度一般不宜太大，保持适中即可。教师在教学时，教材内容的选择和安排要全面多样，使学生身体各部位、器官系统的机能，各种身体素质和基本活动能力，都得到全面发展。教师要善于利用各种教学原则，正确运用组织教法，才能不断提高教学质量。课堂教学能力是每一位体育教师必须具有的一种能力。如果体育教师不具备这些方面的能力，那么很难想象他能够上好一堂新课程理念下的体育与健康课。

三、学生的主体地位在课堂中能否得到体现

对一堂公开课的评价，主要是为了检查教师的上课能力和水平。首先我们看的是教学目标是否明确、内容安排是否合理、教学组织是否严密、讲解是否清楚、示范是否准确……作为一名体育教师，做好这些方面无可非议。但教师如果重视的只是示范、讲解，强调的是学生“跟我做”就可以了，至于学生在体育课上究竟学到些什么，学生体验到什么，学生对这一学习内容有无兴趣等等，有时候一些体育教师从不会去过问。这种课，学生的主体地位怎么能得以体现呢？作为教学主体的学生的主动性是否被充分调动，自觉性和积极性是否被诱发是评价课堂教学成功与否的重要方面。

另外，为了某种目的而进行评审的体育公开课上，教师为体现出自身的教学能力和教学技巧，始终让学生全力配合。一堂好课不应该只看到教师的表演多出色，更应关注学生的需求和重视学生的情感体验。在体育教学的各个环节，要始终将学生的主动、全面的发展放在首位，重视学生的主体地位，让学生在自主的学习过程中学会学习。

四、学习兴趣在课中是否充分激发

学生的学习兴趣主要体现在学生是否喜欢体育课，是否能主动参与到体育活动中。学习兴趣是学习成功的内驱力。为此，我们应该努力研究教材，把握教材的魅力，改革教学方法，想方设法激发学生的学习兴趣。只要学生对体育课感兴趣，就能积极、主动地参加学习。如果许多学生被动地应付，也很少参与体育活动，那么，这样的课应该说是不成功的。

课堂教学的最终目的是为了促进学生自觉地、主动地参与体育活动，能养成自觉锻炼身体的习惯。只有这样，体育与健康课程的目标才能实现，学生的健康发展才能得到保证。所以说，只有学生积极主动参与的体育课才是好课。

五、创新教育在课堂中的展现

著名教育家、心理学家皮亚杰曾经说过：“要让学生自己去重新掌握、重新建立和重新发现真理。”皮亚杰的话提醒我们，让学生学会主动学习，而不是被动接受，是培养学

生创新精神和能力的重要途径。以前，我们的体育教师都比较偏重于传授各种成熟的运动技能和身体素质的练习方法，试图达到增强学生体质的目的，也一直注重学生模仿各种动作技能，这导致了教师和学生均缺乏创新的意识和能力。教师要注重学生的主体地位，满足他们的好奇心、学习需求和爱好，就要充分发挥他们的求索精神。而学生的创新能力应涵盖在整个体育教学过程之中。如让学生设计新的游戏方法，如何能更好更快地达成学习目标的最佳途径等。但千万不能在课中放任不管，让学生完全自由活动就认为是在培养学生的创新能力。

教学设计有无突破、创新，方法手段是否得当，教案是否根据学生的特点来设计教学过程，内容和方法的选择是否合适，教学是否有新意，学生是否感兴趣，这些都是一堂优秀的体育课中所表现出的。因此，课堂教学评价的一个重要内容也就是看教学是否有新意，是否令人耳目新。

五、评课技能实施举例

（一）视角之一：对授课教师的优缺点进行整体性评价

优点：该课授课教师上课的热情很高，体现了该教师具备课前良好情绪调动的能力；教师的基本功较好，示范动作做得很漂亮；语言运用情况也很好，声音响亮、普通话标准、表达清晰、富有感染力；课的结构安排较为合理，各部分过渡比较流畅；师生互动情况比较理想，教师经常指导学生；场地器材布置干净、整洁，符合安全的要求。

不足：对教材重点把握不准确导致了教学目标定位错误，教法安排失去了有效性。

（二）视角之二：对授课教师存在的问题进行“分步式”专题性评价

1.“课堂教学目标”专题评价

“使85%的学生掌握蹲踞式跳远、耐久跑技术”的运动技能目标没有根据蹲踞式跳远（第一次课）特点来制定，因为第一次课不可能使85%学生掌握蹲踞式跳远。身体健康目标——“增强学生的体质”泛泛而谈，也没有结合运动项目的具体特点。心理健康与社会适应目标——“培养学生刻苦耐劳的精神、发展学生合作学习精神”虽有形式，但在具体的课中没有落实，缺乏具体的做法，既没有合作学习的内容，“迎面接力”部分也与刻苦耐劳的关联不大。

2.“内容与教学重难点”专题评价

对于运动技术的学习，从学生的年龄特点分析，小学阶段接触运动技术的主要目的是体验，而不是学习全面完整的运动技术；就教学方法而言，也应以完整教学为主，以蹲踞式跳远技术为例：助跑—单脚起跳—双脚落地。但是到了初中阶段，他们具备了全面学习运动技术的素质与能力，因此，学习技术的主要目的就不能停留在“体验”上，而应深入到运动技术的细节中去，掌握一些难度较大的运动技术。初中教学方法也应从整体的完整教学法转化为分解教学，而且分解教学的重点应是蹲踞式跳远技术各个环节中的关键环节，例如，“助跑与起跳的结合”，它是蹲踞式跳远技术的关键技术，而不是“单脚起跳、双脚落地”，如果，这节课把“单脚起跳、双脚落地”作为教学的主线，显然是不适合的。

3.“组织教法与教学手段”专题评价

组织教法与教学手段皆为课堂教学目标服务，由于该课在教学目标、内容选择、技术教学重点难点等方面定位有误和偏差的原因，导致接下来所实施的教学方法、教学手段、练习步骤等也自然而然存在问题。也就是说该课为了完成“单脚起跳、双脚落地”的系列练习不利于学习与掌握“助跑与起跳相结合”这个教学重点。

4.“学生学习效果”专题评价

对学生学习效果的评价需要与课堂教学目标相结合，通过现场观摩，该课教师在整节课中始终运用了“单脚起跳、双脚落地”完整教学法，从效果来看，很不理想，只是复习或学会了“单脚起跳、双脚落地”，但由于没有学习助跑与起跳相结合的技术——腾空步技术，所以，绝大部分学生在起跳后没有一定的腾空高度，只有“单脚起跳、双脚落地”的形式，没有实质性的内容。如果可能，还可以对该课的运动负荷与练习密度进行测量与评价，这也是学生学习效果的定量定性评价指标之一。

（三）视角之三：细节性评价

细节性的评价显得比较容易、比较分散，老师们可以看见什么评什么，无需整理与总结，因此，我们可以从教师的语言、教态、讲解逻辑性、指导合理性、练习时间掌控、活动安排合理性、师生互动等不同的角度进行评价。但我们在进行细节性评价的过程中，不能吹毛求疵，不需刨根问底、争论不休、没完没了。

六、当前体育评课中的问题

评课，是指对课堂教学的成败得失及其原因作切实中肯的分析和评价，并且能够从教育理论的高度对一些现象做出正确的解释。科学正确的评课能较好发挥应有功能。反之不科学的评课会降低应有的作用。由于受种种因素影响，目前在评课的问题上，还存在许多不尽如人意的地方，其表现如下。

（一）重听轻评

听的多，评的少，这是普遍存在的一个问题上。如果有些该评的课而不评，一方面执教者心里没底；二是评课的作用没能得以发挥，听课也就失去意义。

（二）敷衍了事

即使有的课评了，有碍情面，评课敷衍了事，走过场。“不说好，不说坏，免得惹人怪”。评课大部分是虚假的评议，只讲赞歌，不讲缺点。评议会上，经常是发言只三五人，评议只有三言两语，评课冷冷清清。

（三）平淡肤浅

有的听课者听了一节课后，看不出什么问题，笔记上没写出什么，只是笼统的认为“这节课教得不错”，或者说“这堂课教得很差”。所以有些老师会感叹这样的评议没啥意思。

（四）面面俱到

对一节课的评议应该从整体上去分析评价，但绝不是不分轻重、主次，而需要有所侧重。即根据每一次的听课目的和课型，以及学科特点突出重点。但实践中有些评课看似面面俱到，却是泛泛而谈，难以突出重点。

（五）参评面窄

评议会上评的少，看的多。为了避免冷场，组织者只好指名道姓发言，由于发言面不广，且多属于被动发言，因此，评课场面冷清，难以形成各抒己见，畅所欲言的热烈气氛。不发言不等于没有见解，这种评议就造成一部分人当面不讨论，背后乱议论，还有的会上唱赞歌，会后乱“嘀咕”，结果给执教者弄得无所适从。

（六）评“新”弃“旧”

眼下冠以“新方法”“新结构”“新课型”的课多起来了。对人们确有些吸引力。而对于传统的东西，似乎就是“落后”“过时”的同义语，于是，凡是有“新”东西的地方就门庭若市，评课时认认真真，而对传统的东西不屑一顾。显然这也是不妥当的。

案例 1

评课分析

听课人：　***　　班级：　　　听课地点：　　　　　　时间：　年　月　日

学校	****中学	年级/人数	高一/40	课次	1
课题	1.左右移动正面双手垫球 2.体能素质练习			执教人	

课堂实录：一、准备部分

1. 课堂常规：体育委员整队（31”）；教师宣布本节课的任务，并询问学生有没有信心完成（1′08″）。

2. 准备活动：关节操（手指操、肩绕环、髋关节、膝关节、手腕关节 4×8）（4′13″）

3. 传接球练习：学生同老师配合做示范（头上、胯下传接球），并对练习的要求进行说明，队伍的调动、细调间距，让学生先尝试（6′09″）。

组织练习（对能力不同的学生提出不同的要求）数数定节拍，看学生能不能跟上。然后拉开距离（3 个球）同样的要求，小结（7′49″）。

4. 打龙尾游戏（1、2 报数，提示，讲解游戏方法）：组织练习，队伍的调动（1 排到一号圈。。。。），练习过程中告知交换的方法，后提示交换（9′59″开始）（12′27″交换）（13′35″结束。）

二、基本部分

1. 导入，提示学生球在不同的部位，采用不同的步伐，并对所学内容进行回顾（15′36″）。

2. 移动步伐练习：交叉步、并步。（失误 1 ；并步 13 ；交叉 9 次）口令指导、语言提示要点。（17′46″）

3. 抛接球练习：地滚球（5 次）、空中抛接球（5 次），示范 3 次，语言提示步法的移动，手的状态（26′09″）。

4. 移动垫球练习：并步、交叉步。徒手 4 次 ；固定球（各 2 组，交叉步未交换）（27′58″）。

5. 左右移动一抛一接练习：错误示范暗示，10 次交换；要点提示/再错误示范、正确示范（各 2 次）再练习（33′10″）。

6. 夹球抛接游戏：距离 2 m，先让学生尝试 10 次，后采用计时 2 组，完成数量不同做立卧撑的数量不同）（39′48″）。

三、结束部分

1. 放松：手指交叉向上、向侧、向下拉伸 各 4×8 拍；手脚甩一甩、敲一敲，提示学生不要过于用力（43′00″）。

2. 小结：引导学生进行互相评价（44′17″）。

3. 归还器材。

优点与不足：

优点：

1. 教师能够运用多种练习手段来突破本节课的教学重点、难点（左右移动中形成正确的垫球姿势及做出正确、及时的移动步法）。

2. 教师的教学素养及基本功扎实。如语言简洁，教态自然，动作的示范讲解要点提示规范、到位，队伍的调动比较流畅有效，取还器材注意到 1.3 排与 2.4 排的互换，这样可以让所有的学生在器材的发放、收还过程中都有分工。

3. 教学思想符合课程改革的需求。注重学生的自主学习及能力的培养，引导学生发现问题，回顾并巩固已学的知识与技能，能够叫出比较特别的学生的名字，并给予关注。在评价的过程中，注意引导学生进行相互评价，并暗示在课后帮助同伴进行改进。

4. 教学效果比较好。整节课学生都很积极，表情、感情的流露都很自然。教师能够在学生学习的过程中针对练习的要点、及注意的问题进行及时的引导、提示。

不足：

1. 教学时间的分布不妥，致使教学重难点不够突出。这节课是学习移动中排球正面垫球，但是用于一抛一垫的时间仅有 5 分钟。

2. 关注特别学生不够。如，在教学过程中有一组学生是男女组合。在夹球抛接游戏中，这组学生第一组练习完成的是 18 个，在练习的过程中我看到他们配合得很好，也很努力。如果老师关注一下，会对他们以后的学习会有更大的激励作用。

3. 要给学生呈现事实的机会。如在课的开始，有4个学生没有到位。老师提问是不是这4个学生身体不舒服。那体育委员只能回答“是”。作为老师，这个时候要问清楚他们到底为什么没有来，这个很重要。另外在引导学生思考的时候，如果能给一两个学生单独回答问题的机会是不是更好呢？
我的建议 1. 课堂常规，建议有安排见习生的环节。 2. 为了合理安排各个教学环节，建议将传接球练习去掉。 3. 练习过程中，尽可能让学生练习的次数均等。比如在移动中垫固定球的练习中，交叉步练习中只有一组练习，另一组在等待交换的时候，教师叫停，然后集合进行下一个内容的相关学习，等待的一组同学心里会有一些失落。 4. 在组织砸龙尾的游戏中，队伍调动的时候能再简洁一些会更好，比如说：1～4 排同学分别到对应的1～4号圈内进行游戏。

参考文献

[1] 张祺. 体育教学中的口令[M]. 北京：北京教育出版社，1991.
[2] 易小坚，罗培. 体育教育实习指导[M]. 湖南：湖南师范大学出版社，2012.
[3] 谭红. 体育教育专业全程教育实习理论与实践[M]. 北京：中国文史出版社，2007.
[4] 赵立，杨铁黎，冯霞. 体育教学设计与教案编写[M]. 北京：北京体育大学出版社，2004.
[5] 季浏，汪晓赞. 初中体育与健康新课程教学法[M]. 北京：高等教育出版社，2003.
[6] 周勇，赵宪宇. 新课程说课、听课与评课[M]. 北京：教育科学出版社，2004.
[7] 王皋华. 体育教学技能微格训练[M]. 北京：北京体育大学出版社，2005
[8] 王鲁克. 体育教学技能[M]. 北京：人民体育出版社，2004.
[9] 毛振明. 体育教学论[M]. 北京：高等教育出版社，2005.
[10] 罗希尧. 中学体育教材教法[M]. 北京：高等教育出版社，2001.
[11] 钟启泉. 现代教训论发展[M]. 北京：教育科学出版社，1988.
[12] 王超英. 教育实习理论与实践[M]. 北京：人民体育出版社，2000.
[13] 体育教育实习指导编写组. 体育教育实习指导[M]. 北京：高等教育出版社，1998.
[14] 傅道春. 教学行为的原理与技术[M]. 北京：教育科学出版社，2001.
[15] 王德平. 体育新课程教学设计[M]. 大连：辽宁师范大学出版社，2002.
[16] 刘合群. 现代教育技能导论[M]. 武汉：湖北教育出版社，2000.
[17] 傅道春. 教师的成长与发展[M]. 北京：教育科学出版社，2001.
[18] 樊临虎. 体育教学论[M]. 北京：人民体育出版社，2002.
[19] 王凤桐，杨宣，陈莉. 让课堂更精彩 微格教学设计案例选编[M]. 北京：首都师范大学出版社，2014.
[20] 舒盛芳，高学民. 体育教学设计论[M]. 上海：复旦大学出版社，2013.
[21] 周志雄，周云，李海燕. 新课程理念与体育说课[M]. 北京：人民体育出版社，2009.
[22] 唐炎，宋会君. 体育教师教育论[M]. 重庆：西南师范大学出版社，2006.
[23] 沈建华，陈融. 学校体育学[M]. 北京：高等教育出版社，2010.
[24] 罗希尧. 中学体育教材教法[M]. 北京：高等教育出版社，2001.
[25] 宗湖. 体育教师的素质与基本功[M]. 北京：人民体育出版社，2002.
[26] 教师资格考试命题研究中心组. 体育与健康学科知识及教学能力 高级中学[M]. 北京：北京师范大学出版社，2015.
[27] 季浏. 体育心理学[M]. 北京：高等教育出版社，2016.
[28] 黄志剑，熊明生. 运动心理学[M]. 武汉：华中科技大学出版社，2016.
[29] 宋旭，游永豪，李晓静等. 中小学体育教学研究方法[M]. 武汉：武汉大学出版社，2016.